Stefan Huster

Soziale Gesundheitsgerechtigkeit

Stefan Huster

Soziale Gesundheitsgerechtigkeit

Sparen, umverteilen, vorsorgen?

Verlag Klaus Wagenbach Berlin

Politik bei Wagenbach. Herausgegeben von Patrizia Nanz.

Umschlaggestaltung/Reihenkonzept: Julie August, Berlin. Gesetzt aus der Meridien und der Imago. Vorsatzpapier und Einbandmaterial von peyer graphic gmbh, Leonberg. Gedruckt auf chlor- und säurefreiem Papier (Schleipen) und gebunden bei Pustet, Regensburg. Printed in Germany.

ISBN 978 3 8031 3639 8

Inhalt

Einleitung 7

I. Warum sich Gesundheit gegen eine soziale Differenzierung sperrt 9

1. Die existentielle und transzendentale Bedeutung von Gesundheit 9
2. Die Folgeprobleme 13

II. Soziale Gerechtigkeit in der Gesundheitsversorgung 18

1. Finanzierung: Belastungsgleichheit oder Überforderungsverbot? 18
2. Organisation: Fehlsteuerungen und Rationalisierungsbemühungen 22
3. Leistungen: Priorisierung als Problem sozialer Gerechtigkeit 34

III. Soziale Gesundheitsungleichheiten 55

1. Die ungleiche Verteilung von Gesundheit als normatives Problem 55
2. »Selber schuld«? Grund und Grenzen der Eigenverantwortung 62
3. Sind soziale Gesundheitsungleichheiten ungerecht? 69

IV. Vorsorgen und Versorgen 72

1. Gesundheits- als Gesellschaftspolitik 72
2. »Vorbeugen ist besser als heilen«? 74
3. Public Health, Priorisierung und soziale Gerechtigkeit 78

Danksagung 80

Anmerkungen 81

Einleitung

Dieses Buch geht von einer Überzeugung aus, die in Deutschland und vielen anderen (allerdings nicht allen) Ländern weit verbreitet ist: Es ist ungerecht, wenn Gesundheit vom sozialen Status abhängt. Niemand sollte krank sein oder früher sterben müssen, weil er arm ist. In einem »sozialen Rechtsstaat«, wie ihn das Grundgesetz konstituiert, kann man der Frage nicht ausweichen, ob und inwieweit soziale Gesundheitsungleichheiten akzeptabel sind. Dies ist kein marginales, sondern ein weithin unterschätztes Problem: Wer weiß schon, dass in Deutschland der Unterschied in der durchschnittlichen Lebenserwartung zwischen Männern im obersten und im untersten Einkommensfünftel zehn Jahre beträgt? Und betrieben wir überhaupt Gesundheitspolitik und ein öffentliches Versorgungssystem – mit allen politischen und ökonomischen Folgeproblemen –, wenn es uns gleichgültig wäre, dass sich Gesundheit sozial ausdifferenziert? So mag der Versuch lohnen, etwas Licht in den dunklen Zusammenhang von Gesundheit und sozialer Gerechtigkeit zu bringen.

Wenn man ein Ziel, die Herstellung sozialer Gesundheitsgerechtigkeit, erreichen will, muss man wissen, wo man steht und welcher Weg zu diesem Ziel führen könnte. Dies setzt empirische Erkenntnisse anderer Wissenschaftsdisziplinen voraus: Epidemiologie, Medizin, Versorgungsforschung, Gesundheitsökonomie, Soziologie und Politikwissenschaft. Das Hauptinteresse dieses Buches gilt aber den normativen Fragen, wie die Forderung nach sozialer Gesundheitsgerechtigkeit begründet werden kann und was sie genau bedeutet. Dabei wird keine umfassende Theorie der sozialen (Gesundheits-)Gerechtigkeit entwickelt, sondern an vorhandene moralische Intuitionen und rechtliche Wertungen angeknüpft. Diese sollen in einen kohärenten Zusammenhang gebracht und ihre

Konsequenzen für das deutsche Gesundheitswesen expliziert werden.[1] Die Suche nach Gesundheitsgerechtigkeit bleibt inhaltlich eine komplexe und methodisch eine interdisziplinäre Aufgabe, die niemand allein bewältigen kann.

I. Warum sich Gesundheit gegen eine soziale Differenzierung sperrt

1. Die existentielle und transzendentale Bedeutung von Gesundheit

Auf wenige Dinge reagiert die deutsche Öffentlichkeit so sensibel wie auf den Befund einer »Zwei-Klassen-Medizin«. Dass Arme eher sterben müssen, wird hierzulande nicht einfach festgestellt, sondern als Skandal betrachtet. Selbst die Befürworter des Nebeneinanders von gesetzlicher und privater Krankenversicherung (GKV und PKV) werden nicht müde zu betonen, dass es lediglich um Komfortunterschiede (Einbettzimmer, kürzere Wartezeiten) gehe; die Qualität der medizinischen Versorgung sei völlig identisch. Das mag stimmen oder nicht – ausdrücklich zugegeben werden darf es jedenfalls nicht, dass man sich eine bessere medizinische Versorgung kaufen kann: Eine nach der wirtschaftlichen Leistungsfähigkeit ausdifferenzierte »Zwei-Klassen-Medizin« würde als Symbol für einen unsozialen »Zweiklassenstaat« verstanden.[2]

Bisher hatten allerdings auch die entschiedensten Kämpfer für die soziale Gerechtigkeit kein ernstes Problem damit, dass man schöner wohnen, exquisiter essen, bequemer fahren und sich exklusiver kleiden kann, wenn man mehr Geld hat. Auch Wohnen, Essen, Fortbewegung und Kleidung sind menschliche Grundbedürfnisse – trotzdem fällt es uns hier nicht schwer, soziale Differenzierungen zu akzeptieren.[3] Warum ist das bei der Gesundheit und der medizinischen Versorgung anders?

Gesundheit ist ein Gut, das einen besonderen existentiellen Stellenwert hat. So unangenehm es ist, sein Leben mit einem eng begrenzten Einkommen fristen zu müssen, so unvergleichbar intensiver ist die Erfahrung einer schweren, vielleicht sogar lebensbedrohenden Krankheit und der damit verbundenen Schmerzen und psychischen Belastungen. Das soziale Gewissen sträubt sich, wenn dann die Heilungs- oder Linderungsaussichten vom Geldbeutel abhängen: Geht es um ernsthafte gesundheitliche Beeinträchtigungen oder sogar um das nackte Überleben, sollten alle Bürger gleich sein. Es ist daher verständlich, dass wir den Sozialstaat auch und sogar vorrangig auf den Schutz der Gesundheit und die Gewährleistung einer für alle Bürger unabhängig von ihrer finanziellen Leistungsfähigkeit zugänglichen medizinischen Versorgung verpflichten; es ist ein wichtiger – handfester und symbolischer – Ausdruck der Achtung und des Respekts, dass wir niemanden in seiner existentiellen Not alleinlassen. Und das täten wir auch dann, wenn wir die sozial schwächeren Schichten mit einer Notversorgung abspeisten, die dem medizinischen Standard nicht mehr entspricht: Jeder Unterschied macht hier einen Unterschied.

Dieser Intuition entspricht die verfassungsrechtliche Lage: In seinem Urteil zur Grundsicherung (»Hartz IV«) hat das Bundesverfassungsgericht mit bemerkenswerter Deutlichkeit klargestellt, dass »der Staat im Rahmen seines Auftrages zum Schutz der Menschenwürde und in Ausfüllung seines sozialstaatlichen Gestaltungsauftrages verpflichtet« ist, für die materiellen Voraussetzungen eines menschenwürdigen Daseins Sorge zu tragen.[4] Der entsprechende »unmittelbar(e) verfassungsrechtliche Leistungsanspruch auf Gewährleistung eines menschenwürdigen Existenzminimums« umfasse dabei insbesondere »die physische Existenz des Menschen, also Nahrung, Kleidung, Hausrat, Unterkunft, Heizung, Hygiene und Gesundheit«. Nun ist diese Formulierung mit Blick auf die Gesundheit sicherlich missverständlich: Ein »Recht auf Gesundheit« kann es anders als einen Anspruch auf Nahrung, Kleidung oder Hausrat nicht geben, da Gesundheit von vielen Faktoren – etwa der individuellen genetischen Ausstattung und dem gesundheitsbezogenen Verhalten – abhängt, auf die der Staat keinen Einfluss hat oder die er nur unter Aufgabe seiner Freiheitlichkeit kontrollieren könnte. Gemeint ist daher, dass der Staat seinen Bürgern – insbesondere denjenigen, die dies nicht aus eigener Kraft sicherstellen können, wie das Verfassungsgericht ausdrücklich betont – die zur Erhaltung und Wiederherstellung ihrer Gesundheit notwendigen, aber trotzdem gewiss nicht immer ausreichenden materiellen Voraussetzungen gewährleisten muss.[5] Dementsprechend finden wir in allen Industrienationen – mit der wichtigen Ausnahme der USA, die ihre besonders absurde Kombination aus Spitzenmedizin und Unterversorgung mit exorbitant hohen Kosten und besonders schlechten Ergebnissen gerade zu verändern versuchen – öffentliche Systeme der Gesundheitsversorgung, die die gesamte oder zumindest große Teile der Bevölkerung erfassen.[6]

An der existentiellen Bedeutung von Gesundheit zeigt sich übrigens auch, dass die in Deutschland verbreitete rein freiheitsfunktionale Rekonstruktion des Sozialstaats nicht richtig sein kann. Gerade in der Jurisprudenz hat man aus einer Reihe von Gründen die sozialen Aktivitäten des Staates nur dann als gerechtfertigt angesehen, weil und soweit sie die materiellen Voraussetzungen für den Freiheitsgebrauch gewährleisten.[7] Dieser Ansatz stößt aber mit Blick auf die Gesundheitsversorgung an seine Grenzen, weil es hier ersichtlich nicht nur um Freiheitsbedingungen, sondern vorrangig um die leibliche Befindlichkeit des Menschen geht, die einen eigenständigen Stellenwert besitzt und nur um den Preis anthropologischer und lebensweltlicher Unplausibilität auf eine Autonomievoraussetzung reduziert werden kann: Wären wir nur geistige, intellektuelle und reflektierende, nicht aber auch leibliche, verletzliche und sterbliche Wesen, brauchten wir keine Gesundheitsversorgung.

In diesem Zusammenhang sollten die Diskussionen um den Gesundheitsbegriff nicht überbewertet werden. Gewiss ist es schwierig, Gesundheit und Krankheit exakt zu definieren, und dies hat durchaus Auswirkungen auf die Leistungspflicht einer Krankenversicherung[8]: Ist die Unfruchtbarkeit eine Krankheit, für deren Behandlung die Solidargemeinschaft einzustehen hat? Sind alle alterstypischen Defizite, wie etwa eine nachlassende Sehkraft, wirklich – so die sozialrechtliche Definition des Krankheitsbegriffs – »regelwidrige Körperzustände, die behandlungsbedürftig sind«? Und muss eine objektive Funktionsstörung auch subjektiv empfunden werden? So interessant diese Fragen sind und sosehr sie Zweifel wecken, dass der Versorgungsauftrag über die Begriffe der Gesundheit und Krankheit immer eindeutig bestimmt werden kann – sie ändern nichts daran, dass wir in einem weiten Bereich sehr wohl wissen, was Krankheit und Gesundheit bedeuten und was ein öffentliches Versorgungssystem zu leisten hat. Auch die kulturkritischen, insbesondere in kirchlichen und theologischen Stellungnahmen beliebten Bedenken, dass der Wert der Gesundheit überhöht wird und sie zu einem »Religionsersatz« zu werden droht, haben als Warnungen gegen individuelle und kollektive Hypochondrie ihre Berechtigung, tragen aber im Kernbereich des Problems wenig bei: Wer eine ernstzunehmende Krankheit hat, wird sich nur sehr begrenzt damit trösten können, dass »verdrängt wird, dass Krankheit und Tod, Schmerzen und andere Beschwerden zur Realität menschlichen Lebens gehören und Wirklichkeiten des Glaubens und der Gemeinschaft erschließen, die uns sonst verschlossen blieben«[9]. Natürlich ist Gesundheit nicht alles, aber – wie der Volksmund weiß – ohne Gesundheit ist alles nichts; und das ist in vielen Fällen kaum übertrieben.

Damit ist zugleich ein zweiter Grund angedeutet, warum wir auf soziale Differenzierungen der medizinischen Versorgung sensibel reagieren. Gesundheit ist ein im kantischen Sinne des Wortes transzendentales Gut, das die Voraussetzung vieler anderer Lebensvollzüge darstellt. Gegen eine durch gesundheitliche Probleme eingeschränkte Lebensführung angehen zu können, soweit dies medizinisch möglich ist, ist gerade in einer Wettbewerbs- und Leistungsgesellschaft von zentraler Bedeutung, weil dadurch eine Chancengleichheit abgesichert wird, die die differenzierten Ergebnisse dieses Wettbewerbsprozesses erst legitimiert.[10] Gesundheit ähnelt insoweit der Bildung: Auch im Bildungssystem nehmen wir soziale Zugangshürden und Ausdifferenzierungen als ein massives Problem wahr, weil hier Lebenschancen verteilt werden.

2. Die Folgeprobleme

Dass wir Gesundheit als ein Gut betrachten, für das soziale Ungleichheiten folgenlos sein sollten, und deshalb an einem allgemein zugänglichen »solidarischen« Gesundheitssystem festhalten wollen, ist eine zivilisatorische Errungenschaft, die wir nicht leichter Hand aufgeben sollten. Allerdings ergeben sich aus dieser Forderung einige Anschlussfragen.

Soziale Gerechtigkeit und Leistungsbeschränkungen im Versorgungssystem

Private Konsumentscheidungen bleiben den einzelnen Bürgern und ihrer grundrechtlich geschützten Lebensplanung überlassen; wir müssen deshalb nicht kollektiv überlegen, wie viel für Autos, Wohnzimmerschrankwände und Urlaubsreisen ausgegeben wird. Gewährleistet der Staat aber eine allgemein zugängliche Gesundheitsversorgung, muss er entscheiden, welche medizinischen Leistungen jedermann zur Verfügung stehen sollen. Wenn das Versorgungssystem – wie in Deutschland die GKV – öffentlichrechtlicher Natur ist, ist dies offensichtlich; es hängt aber nicht von der Organisationsform ab: Wenn die öffentliche Gewalt auch nur einen Mindestkatalog medizinischer Leistungen definiert, müssen

Zusammensetzung und Kosten dieses Leistungskatalogs geklärt werden.

Da die Bürger gezwungen sind, diese Leistungen auf die eine oder andere Weise zu finanzieren, steht auch die Gesundheitsversorgung – so wichtig sie ist – unter dem Prinzip der Knappheit der zur Verfügung stehenden Ressourcen. Diese grundlegende Bedingung, aus der sich alle Probleme der Verteilungsgerechtigkeit erst ergeben[11], fällt nicht weiter auf, solange sich die Ausgaben für die medizinische Versorgung im Rahmen halten. Dies wurde lange Zeit so empfunden. Dabei darf man sich aber keinen Illusionen hingeben: Zusätzlicher medizinischer Nutzen wäre schon immer zu stiften gewesen. Dass wir das Land nicht mit Rettungshubschraubern überziehen und nicht jeder Bürger wie der amerikanische Präsident oder arabische Ölmagnaten versorgt wird, die ihren Leibarzt mit sich führen, ist ein sinnvoller kulturell-politischer Konsens; grundsätzlich könnte nämlich schon heute das gesamte Volkseinkommen in eine derartige »presidential medicine«[12] investiert werden.

Politisch brisant wird die Mittelknappheit, wenn Maßnahmen, die nach herkömmlicher Auffassung medizinisch notwendig oder zumindest sinnvoll sind, einen akzeptablen Kostenrahmen sprengen. Dass dem in nicht allzu ferner Zukunft so sein wird, ist wahrscheinlich, insbesondere weil durch den medizinisch-technischen Fortschritt und die demografische Entwicklung Kostensteigerungen zu erwarten sind. Zwar ist in der gesundheitsökonomischen Diskussion nicht unumstritten, welche Faktoren in welchem Umfang zu dieser Steigerung beitragen, aber es besteht weitgehend Übereinstimmung, die fundamentalen Schwierigkeiten der Krankenversicherung auf der Ausgaben- und Leistungsseite zu sehen.

Diese Beobachtung hat zwei Seiten. Einerseits zeigt sie erfreulicherweise, dass es – in historischer Perspektive eine neuere Entwicklung – eine leistungsfähige Medizin gibt, die nachgefragt wird, und dass die Bürger immer älter werden.

Andererseits werfen diese Umstände die Frage auf, ob sich das Gemeinwesen den medizinischen Fortschritt noch um jeden Preis leisten will und wo gegebenenfalls Abstriche vorgenommen werden sollen. Es mehren sich daher die Stimmen, die zu überlegen verlangen, ob nicht aus Kostengründen auch vielleicht nicht im strengen Sinne des Wortes medizinisch notwendige, aber doch sinnvolle Leistungen aus dem Leistungskatalog des öffentlichen Versorgungssystems herausgenommen werden müssen (»Rationierung«) oder welche Leistungen bei begrenztem Budget vorrangig zu gewährleisten sind (»Priorisierung«).[13] Weithin wird sogar behauptet, dass nicht mehr das Ob, sondern nur noch das Wie einer Rationierung oder Priorisierung fraglich sein könne.

Allerdings führt dies zu grundsätzlichen und sehr heiklen Problemen der Gewichtung von krankheitsbedingten Einschränkungen der Lebensqualität und -dauer und deren monetärer Bewertung. Die gesundheitspolitische Diskussion hat dieses Thema daher bisher weitgehend tabuisiert. Sie wird dabei auch maßgeblich durch die Sorge geprägt (und behindert), dass Leistungsbeschränkungen im öffentlichen Gesundheitswesen unweigerlich zu einer sozialen Differenzierung der medizinischen Versorgung führen werden. Tatsächlich wird man aber in einer freiheitlichen Gesellschaft und im europäischen Binnenmarkt den privaten Zukauf der ausgeschlossenen Versorgungsmaßnahmen – etwa in Form von Zusatzversicherungen – weder verhindern können noch wollen. Da dieser Zukauf nicht allen Bürgern möglich sein wird, droht tatsächlich eine »Zwei-Klassen-Medizin«. Wie verträgt sich das damit, dass wir sozialen Differenzierungen äußerst kritisch gegenüberstehen, weil die medizinische Versorgung ein derartig fundamentales Gut betrifft? Dieses Dilemma und mögliche Lösungen werden im zweiten Teil dieses Buches diskutiert.

Gesundheitsungleichheiten jenseits der medizinischen Versorgung

Epidemiologische Untersuchungen zeigen, dass Gesundheit in allen modernen Gesellschaften schichtenspezifisch verteilt ist: Es besteht ein enger Zusammenhang von Sozialstatus – gemessen an Einkommen, beruflicher Position oder Bildung – und Gesundheitszustand. Wie erwähnt, lässt sich für Deutschland etwa nachweisen, dass der Unterschied in der durchschnittlichen Lebenserwartung zwischen Männern im obersten und untersten Einkommensfünftel zehn Jahre beträgt. Zehn Jahre sind eine lange Zeit, wenn man sich vergegenwärtigt, dass bei neuen Arzneimitteln eine durchschnittliche Lebensverlängerung um wenige Monate schon als ein großer Erfolg angesehen wird.

Obwohl soziale Unterschiede im Versorgungssystem so argwöhnisch beäugt werden, dass bereits Strafzahlungen für Ärzte erwogen wurden, die gesetzlich Versicherte länger als Privatpatienten auf eine Behandlung warten lassen, werden diese zehn Jahre politisch kaum als Problem und schon gar nicht als Skandal wahrgenommen. Dabei können sie nur wenig mit dem Nebeneinander von GKV und PKV zu tun haben, weil sich der Zusammenhang von Sozialstatus und Gesundheit als ein »sozialer Gesundheitsgradient« durch die gesamte Bevölkerung und auch durch die 90 Prozent der gesetzlich Krankenversicherten zieht: Die Mittelschicht lebt zwar länger als die Unterschicht, stirbt aber ihrerseits dann wieder früher als die Oberschicht. Was es mit diesen sozialen Gesundheitsunterschieden auf sich hat, ist Thema des dritten Teils.

Der Sozialstaat zwischen Versorgung und Vorsorge

Der Ausbau eines Versorgungssystems scheint den Gesundheitszustand der Bevölkerung zunächst zwar zu verbessern, ist aber eine gewisse Schwelle erreicht, lässt sich kein Zusammenhang mehr erkennen. So sind die Gesundheitsausgaben in den USA ungleich höher als in Kuba oder Costa Rica, trotzdem ist die Lebenserwartung der Nordamerikaner nicht größer. Dies spricht dafür, dass sowohl der Gesundheitszustand der gesamten Bevölkerung als auch die soziale Verteilung von Gesundheit nicht nur von der Qualität des Versorgungssystems und dessen Zugänglichkeit, sondern auch von anderen Faktoren (Lebensstil, Umweltbelastungen, Sozialstruktur) abhängen, die überhaupt erst zur Erkrankung der Menschen führen.

Damit soll nicht einer generellen Medizinskepsis das Wort geredet werden, die einmal *en vogue* war und vielleicht gerade wieder in Mode kommt[14]: Die moderne Medizin leistet im Einzelfall Großartiges. Da die medizinische Versorgung aber mit anderen Staatsaufgaben um die knappen Ressourcen konkurriert und auf Handlungsfeldern wie etwa Bildung und Umweltschutz im Sinne einer vorsorgenden Public-Health-Politik möglicherweise sehr viel mehr für Gesundheit und Gesundheitsgerechtigkeit getan werden könnte, spricht wenig dafür, das Versorgungssystem gegenüber anderen Politikbereichen kompromisslos zu priorisieren. Was diese Zusammenhänge für den Sozialstaat bedeuten, wird im vierten Teil erörtert.

II. Soziale Gerechtigkeit in der Gesundheitsversorgung

Ein Gesundheitssystem muss drei Fragen beantworten: Wie wird es finanziert? Wie wird es organisiert? Welche Versorgungsleistungen werden gewährleistet? Jeder dieser Bereiche kann in vielerlei Hinsicht diskutiert werden, weil medizinische Versorgungssysteme äußerst komplexe Einrichtungen sind. Hier soll es jeweils um den Querschnittsaspekt der sozialen Gerechtigkeit gehen: Wann sind Finanzierung, Organisation und Leistungsumfang eines Versorgungssystems sozial gerecht?

1. Finanzierung: Belastungsgleichheit oder Überforderungsverbot?

Deutsche Gesundheitspolitiker streiten über die soziale Gerechtigkeit besonders oft und gern, wenn es um die Finanzierung der GKV geht. Dass die »Kopfprämie« unsozial oder im Gegenteil ein steuerfinanzierter Sozialausgleich gerechter sei – dies alles gehört zur bekannten politischen Rhetorik.

Das liegt zunächst daran, dass die Verteilungswirkungen eines bestimmten Finanzierungsmodells besonders transparent sind: Wer wie viel zahlen muss, lässt sich bis auf den letzten Euro ausrechnen und entsprechend öffentlichkeitswirksam darstellen. Zudem steckt der »solidarische« Charakter der GKV maßgeblich in ihrem Finanzierungsmodus: Zum einen spielt – anders als in der PKV – das individuelle gesundheitliche Risiko für die Beitragsbemessung keine Rolle, zum anderen ist die Beitrags- von der Einkommenshöhe abhängig, weil der Beitrag grundsätzlich als ein bestimmter Prozentsatz vom Einkommen berechnet wird. Die GKV bewirkt also eine doppelte Umverteilung: von den guten Risiken zu den schlechten Risiken und von den Besserverdienenden zu den finanziell weniger gut Gestellten. Und was könnte die soziale Gerechtigkeit verlangen, wenn nicht eine Umverteilung von den Gesunden zu den Kranken und von den Reichen zu den Armen? Jedenfalls hat sich diese Auffassung tief in die kollektive Mentalität der Bundesrepublik eingefressen. Veränderungen dieses Finanzierungsmodells, wie sie die Einführung des Zusatzbeitrags seit 2011 gebracht hat, sind ebenso wie finanzielle Steuerungsinstrumente, die Kranke und Arme überproportional belasten (Zuzahlungen, Praxisgebühr), äußerst unpopulär und werden als Angriffe auf die soziale Gerechtigkeit betrachtet.[15]

Schaut man genauer hin, stellt sich die Lage aber als sehr viel weniger eindeutig dar. Aus ordnungspolitischer Sicht ist die Kombination von Risikoversicherung und Elementen der sozialen Umverteilung, wie wir sie in der GKV finden, grundsätzlich misslich, weil sie zu Prozessen der Risikoselektion führt – die Krankenkassen werben nur um die gutverdienenden und gesunden Versicherten – und ein Kassenwettbewerb auf dieser Grundlage nur sehr mühsam zu organisieren ist. Es spricht daher viel dafür, mit einer einheitlichen, einkommensunabhängigen Kopfpauschale zu arbeiten und den Sozialausgleich an anderer Stelle vorzunehmen, das Versicherungssystem also von dieser Aufgabe zu entlasten. Dabei erweist sich die politisch gängige Gegenüberstellung »Kopfprämie versus Bürgerversicherung« als schief: Auch ein die gesamte Bevölkerung erfassendes Versicherungssystem (»Bürgerversicherung«) kann mit einem Einheitsbeitrag (»Kopfprämie«) kombiniert werden – vermutlich wäre das sogar die sinnvollste Lösung.

Allerdings garantiert niemand, dass ein Sozialausgleich in anderen Transfersystemen tatsächlich stattfindet, wenn man ihn aus der GKV herausnimmt; insofern ist die politische Zurückhaltung gegenüber diesem Weg durchaus nachvollziehbar. Die GKV, wie sie jetzt angelegt ist, stellt aber auch kein allgemeines Umverteilungssystem dar. Sinn ihrer solidarischen Finanzierung ist es vielmehr sicherzustellen, dass jeder zu für ihn tragbaren Bedingungen einen Krankenversicherungsschutz erhält; wenn dafür die besserverdienenden Gesunden den schlechten Risiken mit geringerem Einkommen unter die Arme greifen, ist dies etwas ganz anderes als ein allgemeiner Sozialausgleich. So ist auch die immer wieder einmal erhobene Forderung, die Beitragsbemessungsgrenze aufzuheben, um die Umverteilungseffekte deutlich zu verstärken, systemfremd: Solange das Sicherungssystem der GKV weder die ganze Bevölkerung noch die gesamte individuelle Leistungsfähigkeit erfasst, kann auch nur eine begrenzte Solidaritätspflicht gerechtfertigt werden – zumal gerade in der Krankenversicherung die Versicherungsleistungen (abgesehen vom Krankengeld, das nur noch geringe Bedeutung besitzt) nicht nach der Beitragshöhe variieren. Niemand muss es sich gefallen lassen, als Mitglied einer gesetzlichen Krankenkasse zu einem allgemeinen Sozialausgleich beizutragen, an dem seine privat versicherten Mitbürger nicht beteiligt sind. Ein Beitrag, dessen Höhe nicht mehr in einem sinnvollen Verhältnis zum erlangten Versicherungsschutz steht, wäre daher verfassungswidrig.

Man kann daher sehr grundsätzlich zweifeln, ob die Forderung nach sozialer Gerechtigkeit auf der Finanzierungsseite der Krankenversicherung gut aufgehoben ist. Die Gerechtigkeitsintuition, die wir in unserem Gemeinwesen vorfinden und die durch die Verfassungsrechtsprechung bestätigt wird, lautet: Niemand soll aus finanziellen Gründen auf eine notwendige medizinische Behandlung verzichten müssen. Dieses Postulat, das angesichts der elementaren Bedeutung der Gesundheit sehr plausibel ist, bezieht sich auf die Leistungen, die das Versorgungssystem gewährt. Wer gegen Kopfpauschalen, Zusatzbeiträge und Zuzahlungen in der GKV streitet, macht dagegen ein ganz anderes Prinzip geltend: Die Kosten des Krankenversicherungsschutzes und der Gesundheitsversorgung sollen für Kranke und Arme keine größere Belastung darstellen als für Gesunde und Wohlhabende.

Was dieses Prinzip der Belastungsgleichheit bedeutet und wie es sich begründen lässt, ist aber erheblich unklarer. Aus dem Gebot, niemandem solle aus Gründen mangelnder finanzieller Leistungsfähigkeit eine medizinische Versorgung versagt bleiben, lässt es sich jedenfalls nicht folgern: Denn dieses Gebot verlangt nur, dass niemand mit den Kosten seiner Krankenversicherung und -versorgung überfordert wird – was vor allem der Fall wäre, wenn er gar nicht mehr zu ihrer Finanzierung in der Lage wäre oder dafür Haus und Hof verkaufen müsste.[16] Nicht aber lässt sich daraus ableiten, der Umstand, krank zu sein oder ein schlechtes Risiko darzustellen, dürfe überhaupt keine finanziellen Konsequenzen haben; in der PKV, deren Kunden keineswegs alle wohlhabend sind, sind am Risiko orientierte Prämien ganz selbstverständlich. Ebenso absurd wäre es, aus einem Gebot sozialer Gerechtigkeit zu schließen, dass nur eine Beitragshöhe, die prozentual auf das Einkommen aus unselbstständiger Tätigkeit bezogen ist, diesem Gebot entspricht und Zusatzbeiträge, Zuzahlungen und andere Steuerungsinstrumente, mit denen die Effizienz des Systems erhöht werden soll, trotz enger Belastungsgrenzen und eines Sozialausgleichs von vornherein »unsozial« sind. Dafür spricht kein einziges gutes Argument, sondern nur eine jahrzehntelange Gewöhnung.[17]

Ähnliches gilt für den Einwand, derartige Steuerungsinstrumente könnten nicht nur von überflüssigen, sondern auch von notwendigen Arztbesuchen und medizinischen Maßnahmen abhalten. Vielleicht muss man das gesundheitspolitisch berücksichtigen. Aber wer kann sich wirklich beklagen, wenn er nicht zum Arzt gegangen ist, um die Praxisgebühr von zehn Euro pro Quartal zu sparen – zumal Belastungsobergrenzen von 2 Prozent (bei Chronikern: 1 Prozent) des Bruttoeinkommens die Verteilungswirkungen abfedern? Ist nicht auch der einzelne Bürger selbst dafür verantwortlich, die Prioritäten so zu setzen, dass noch bis zu 2 Prozent seines Einkommens für die Gesundheitsversorgung zur Verfügung stehen? Es gibt Härtefälle, aber grundsätzlich ist das in einem freiheitlichen Gemeinwesen doch wohl zumutbar. Wer sonst immer die große Bedeutung von Gesundheit betont, sollte hier nicht plötzlich allzu kleinlich werden.

Nun kann man der Ansicht sein, dass die Gesellschaft generell immer ungleicher wird und daher eine Finanzierungsreform der GKV die Armen und Kranken gegenüber dem Status quo nicht schlechter stellen sollte. Aber diese Forderung hat mit der medizinischen Versorgung wenig, mit der allgemeinen Einkommens- und Vermögensverteilung dagegen sehr viel zu tun. Die GKV wird überfordert, wenn sie deren tatsächliche oder vermeintliche Ungerechtigkeit kompensieren oder beheben soll. Sie ist eine Insel der Gleichheit, indem sie jedermann eine medizinische Versorgung gewährleistet. Aber sie kann nicht das Meer der Ungleichheit austrocknen, das sie umgibt.

2. Organisation: Fehlsteuerungen und Rationalisierungsbemühungen

Die Organisation der medizinischen Versorgung in Deutschland zeichnet sich durch zwei Merkmale aus: den Dualismus von GKV und PKV sowie die Ausgestaltung der GKV als ein öffentlichrechtliches System mit Selbstverwaltungsstrukturen, das die medizinische Versorgung bei Ärzten und anderen privaten »Leistungserbringern« einkauft, die ihrerseits wiederum weithin korporatistisch verfasst sind.

Dass sich Besserverdienende, Selbstständige und Beamte der – wie gern gesagt wird – »Solidarität in der GKV entziehen« und in der PKV die obere Klasse einer »Zwei-Klassen-Medizin« für sich in Anspruch nehmen können, ist für die Protagonisten der Bürgerversicherung schon lange eine evidente soziale Ungerechtigkeit.

Es ist kaum zu bestreiten, dass der Dualismus von GKV und PKV inzwischen jeder sachlichen Rechtfertigung entbehrt. Die GKV war ursprünglich ein Sicherungssystem für Arbeiter, die durch den krankheitsbedingten Ausfall ihrer Arbeitskraft den Lohnanspruch verloren und sich und ihre Familie nicht mehr ernähren konnten; daher stand auch das Krankengeld, also eine Lohnersatzleistung, ganz im Vordergrund. Im Laufe der Zeit hat sich die GKV jedoch zu einem gigantischen Versorgungssystem entwickelt, das 90 Prozent der Bevölkerung erfasst und in dem die medizinischen Leistungen den Löwenanteil der Ressourcen verschlingen. Vor diesem Hintergrund ist die traditionelle Rechtfertigung, die gesetzlich Krankenversicherten bildeten eine homogene Gemeinschaft der Schutzbedürftigen, während die privat Krankenversicherten selbst für ihre Gesundheitsversorgung aufkommen könnten, reine Rhetorik: Weder finden wir im Zeitalter der freien Kassenwahl und des Kassenwettbewerbs homogene Versichertengemeinschaften, noch wird man bei Behandlungskosten, die schnell mehrere hunderttausend Euro erreichen können, ernstlich behaupten können, ein relevanter Teil der Bevölkerung sei insoweit nicht schutzbedürftig. Das hat der Gesetzgeber inzwischen selbst zugegeben, indem er eine allgemeine Krankenversicherungspflicht gesetzlich verankert hat, die auch die klassische Klientel der PKV betrifft – wobei dies nicht als fürsorglicher Akt anzusehen ist, sondern vielmehr die Sorge maßgebend war, dass ansonsten die Sozialhilfe (und damit die Allgemeinheit der

Steuerzahler) die Behandlungskosten übernehmen muss; schließlich soll niemand mit einem entzündeten Blinddarm an der Krankenhauspforte abgewiesen werden, weil er keine Versicherung abgeschlossen hat. Auch die Pflichtversicherungsgrenze, die »Friedensgrenze« zwischen GKV und PKV, ist völlig beliebig geworden und nur noch das Ergebnis des politischen Zerrens zwischen Beitragsbedarf der gesetzlichen und Geschäftsinteressen der privaten Krankenversicherung.

Dieser Dualismus ist daher im wahrsten Sinne des Wortes nur historisch zu erklären: Wir haben ihn eben, aber niemand käme heute auf die Idee, ihn einzuführen. Auch im internationalen Vergleich ist er ein Unikat. Am fernen Horizont mag man noch die Vorstellung erkennen, dass ein gewisser Systemwettbewerb hilfreich und die PKV ein interessantes Experimentierfeld für Innovationen der Versorgungsstrukturen sein könnte. Die Praxis zeugt vom Gegenteil: Die PKV hängt sich – etwa bei der Regulierung der Arzneimittelpreise – mehr und mehr an die GKV an und ruiniert damit das letzte ordnungspolitische Argument, das man zu ihren Gunsten vorbringen könnte.

Was schräg und schief gewachsen ist, muss deshalb allerdings noch nicht schreiend ungerecht sein. Auf der Finanzierungsseite ist es zwar schwer nachvollziehbar, dass an einem solidarisch finanzierten, fast die gesamte Bevölkerung erfassenden Sicherungssystem nun ausgerechnet die tendenziell leistungsfähigeren Gruppen – was sich jetzt durch den steuerfinanzierten Sozialausgleich ein wenig ändert – nicht teilnehmen. Dieses Problem betrifft nicht die Unterstützungsbedürftigen; ihnen dürfte es gleichgültig sein, wer ihren Krankenversicherungsschutz subventioniert. Es könnten eher die Versicherten knapp unterhalb der Versicherungspflichtgrenze von der Einführung der Bürgerversicherung profitieren, die den Solidarausgleich jetzt allein stemmen müssen. Aber um deren Entlastung geht es natürlich gar nicht; die Hoffnung ist eher, dass eine Einbeziehung der gesamten Bevölkerung in die GKV schlicht und einfach mehr Geld in das System spült, mit der Folge, dass die neuen Mitglieder zwar Beiträge zahlen, aber eben auch Leistungen in Anspruch nehmen werden: Ist dann die Bürgerversicherung – so sinnvoll sie an sich sein mag – nicht nur ein weiterer Weg, sich vor unbequemen Reformen zu drücken und stattdessen kurzfristig Finanzlöcher zu stopfen?

Etwas anders sieht es auf der Leistungsseite aus; hier scheint das Nebeneinander von GKV und PKV tatsächlich zu Fehlsteuerungen zu führen. Die unterschiedliche Vergütung privat- und kassenärztlicher Leistungen verführt die Ärzte dazu, ihre Aufmerksamkeit zunächst auf die privat versicherte Kundschaft zu richten. Damit wird auch geworben: Wenn etwa ein privates Versicherungsunternehmen in einem Fernsehwerbespot einen bei ihr versicherten Freizeitfußballer schwärmen lässt, sein Kreuzbandriss sei von einem »Top-Arzt« behandelt worden, »dem tatsächlich auch die Bundesliga-Profis vertrauen«, ist offensichtlich, dass es nicht möglich sein wird, die Knieprobleme der gesamten Bevölkerung von solchen »Top-Ärzten« betreuen zu lassen. Das Geschäftsmodell der PKV beruht auf der Annahme, dass man sich eine bessere – der Werbespot sagt: »erstklassige« – medizinische Versorgung kaufen kann. Jeder weiß, dass die qualifiziertesten Ärzte nicht nur die schwierigsten Fälle, sondern vorrangig Privatpatienten behandeln. Dies ist mit Blick auf die Versorgungsqualität eine Fehlsteuerung.[18] Ähnlich verhält es sich mit dem Umstand, dass sich die Ortswahl der niedergelassenen Vertragsärzte weniger am Behandlungsbedarf als an der lokalen Präsenz von Privatversicherten auszurichten scheint – mit der Folge, dass in sozial schwachen Regionen mit wenig Privatversicherten Versorgungslücken entstehen.

Solche Profitorientierung wirft zwar kein schönes Licht auf den Berufsstand, aber solange die Vergütungsanreize auf diese Weise ausgestaltet sind, ist dies kaum anders zu erwarten. Es ist auch unklar, wie bedeutsam diese Unterschiede in medizinischer Hinsicht sind; gelegentlich wird sogar vor der Gefahr der gesundheitsschädlichen Überdiagnose und -therapie bei Privatpatienten gewarnt, aber das beruht bestenfalls auf anekdotischer Evidenz. Es lässt sich nicht belegen, dass Privatpatienten nicht nur kommoder, sondern auch medizinisch besser versorgt werden. Welche medizinische Bedeutung die Versorgungsunterschiede tatsächlich haben und inwieweit sie sich in sozialer Hinsicht ausdifferenzieren, bleibt offen.[19]

Der Dualismus von GKV und PKV ist kein sozialpolitischer Skandal, aber ein ordnungspolitisches Ärgernis. Angesichts des grundrechtlichen Vertrauensschutzes der Versicherungsunternehmen und ihrer Kunden wird man dieses Ärgernis nicht *ad hoc* beseitigen können; die historische Entwicklung entfaltet hier ein eigenes Gewicht.[20] Vieles spricht aber dafür, dass die Systeme schrittweise konvergieren werden. Teils wird dies freiwillig geschehen, indem die PKV sich angesichts der auch sie bedrängenden Kostensteigerungen an die Regulierungsmechanismen der GKV anschließt; teils werden dafür gesetzliche Vorgaben sorgen, für die die Einführung von Basis- und Standardtarifen in der PKV bereits ein erstes und vom Bundesverfassungsgericht nicht beanstandetes Beispiel ist.[21] Eine schleichende Entwicklung zu einem einheitlichen Versicherungssystem ist daher die realistischste Option.

Rationalisierung vor Rationierung?

Die Entstehung der deutschen Sozialversicherung als Reaktion auf die »soziale Frage« verdankt sich einem Konglomerat macht- und sozialpolitischer Motive. In der berühmten Kaiserlichen Botschaft von 1881 heißt es ganz ungeschminkt, »daß die Heilung der sozialen Schäden nicht ausschließlich im Wege der Repression sozialdemokratischer Ausschreitungen, sondern gleichmäßig auf dem der positiven Förderung des Wohles der Arbeiter zu suchen sein werde«. Ginge es nicht – aus welchen Gründen auch immer – um eine Absicherung im Krankheitsfall für jedermann, wäre die GKV nicht entstanden. In diesem Sinne war sie von Anfang an mit einer Vorstellung von sozialer Gerechtigkeit verbunden. Dabei geht ihre konkrete Gestalt eines öffentlichrechtlichen Versicherungssystems mit Selbstverwaltung – oder wie die Kaiserliche Botschaft es nannte: »korporativer Genossenschaften unter staatlichem Schutz und staatlicher Förderung« – auf eine historisch eher zufällige Gemengelage zurück.[22] Es wäre heute nach nicht unbestrittener, aber ganz überwiegender Ansicht aus verfassungsrechtlicher Sicht möglich, die gesundheitliche Versorgung anders zu organisieren, sei es in einem staatlichen Gesundheitsdienst oder in einem rein privaten System. Die Organisationsform der Sozialversicherung genießt keinen Bestandsschutz; der Sozialstaat muss nur gewährleisten, dass jedem eine funktionsfähige medizinische Versorgung zugänglich ist.

Dass die GKV dies im Grundsatz leistet, ist kaum zu bestreiten; im internationalen Vergleich besitzt die Bundesrepublik gewiss ein leistungsfähiges Versorgungssystem mit niedrigen sozialen Zugangshürden. Allerdings gibt es auch hier Fehlsteuerungen und Über- wie Unterversorgung;[23] zudem ist das System relativ teuer und bietet sowohl Leistungserbringern als auch Versicherten wenig Anreize zu kostenbewusstem Verhalten. Die Gesundheitspolitik aller Parteien betreibt daher durch die Einführung von Wettbewerbselementen, die Relativierung der Grenze zwischen ambulantem und stationärem Sektor und den Einsatz zahlreicher weiterer Steuerungsinstrumente, seit vielen Jahren eine permanente Strukturreform der GKV; zudem wird – zuletzt im Arzneimittelbereich – Druck auf die Vergütung der Leistungserbringer ausgeübt. Auf den ersten Blick hat dies mit der Verbesserung der Qualität und Effizienz der Versorgung zu tun, aber wenig mit dem Grundsatz der sozialen Gerechtigkeit. Beim zweiten Hinsehen besteht jedoch zwischen diesen Themen ein brisanter gesundheitspolitischer Zusammenhang: Können durch die Ausnutzung von Effizienzreserven ohne Verlust an Versorgungsqualität Ressourcen in dem Umfang eingespart werden (»Rationalisierung«), dass wir trotz der zukünftigen Herausforderungen durch den medizinisch-technischen Fortschritt und die demografische Entwicklung nicht über Leistungsbeschränkungen (»Rationierung«) und Versorgungsprioritäten (»Priorisierung«) nachdenken müssen, die eine sozial differenzierende Wirkung haben könnten? Diese Frage gehört zu den umstrittensten Punkten in der Diskussion über die Zukunft der GKV.

Dass die Gesundheitspolitiker parteienübergreifend – von Ulla Schmidt über Philipp Rösler und Markus Söder bis jüngst zu Daniel Bahr – vor Priorisierungs- und Rationierungsdebatten zurückschrecken, sie oft sogar brüsk ablehnen und stattdessen auf Rationalisierungsmöglichkeiten verweisen, ist nicht erstaunlich, denn Wählerstimmen sind mit der Ankündigung von Leistungsbeschränkungen kaum zu gewinnen.[24] Aber auch in der wissenschaftlichen Diskussion sind die Meinungen geteilt: Führen Leistungsbeschränkungen nicht zur Verschlechterung und sozialen Spaltung der medizinischen Versorgung, die wir erst dann in Kauf nehmen sollten, wenn alle Rationalisierungsreserven ausgeschöpft sind? Tatsächlich ist der Grundsatz »Rationalisierung vor Rationierung« (im Englischen: *efficiency first*) durchaus berechtigt: Wir ließen sonst Verschwendung zu und beschnitten gleichzeitig medizinisch sinnvolle Leistungen. Und wie die Verbreiterung der Einnahmebasis oder die Ausdehnung des Versichertenkreises dürfen auch Rationierungsüberlegungen nicht dazu führen, dass der Druck nachlässt, notwendige Strukturreformen in der GKV in Angriff zu nehmen.[25]

Leider lassen aber einige Gründe daran zweifeln, ob die ausschließliche Konzentration auf Rationalisierung der Königsweg ist. Zunächst ist Rationalisierung in politischer Hinsicht kein einfaches Unterfangen. Das Versorgungssystem ist komplex, jeder Steuerungsversuch führt zu Nebenwirkungen und Umgehungsstrategien, an jeder Verschwendung wird von irgendeiner Gruppe verdient, die alles daran setzen wird, Veränderungen zu ihren Lasten zu verhindern – sparen sollen immer die anderen. In keinem anderen Lebensbereich gibt es so viele Lobbyisten wie im Gesundheitswesen; das permanente Gezerre in der Gesundheitspolitik zeigt, wie schwierig es ist, die Krankenversicherung gegen zahlreiche Widerstände zu reformieren. Dabei handelt es sich keineswegs um Randbedingungen, die vernachlässigt oder leicht verändert werden könnten; sie sind vielmehr ein konstitutiver Bestandteil des deutschen Gesundheitswesens, den man nur um den Preis politischer Realitätsverleugnung ignorieren kann. Kein anderer Lebensbereich ist völlig »durchrationalisiert« – warum sollte das ausgerechnet im Gesundheitswesen gelingen?

Ferner wird Rationalisierung allein wohl nicht ausreichen, um den Beitragssatz der GKV in einem erträglichen Rahmen zu halten. Dies hängt natürlich davon ab, welche Beitragshöhe politisch akzeptiert wird, wie man die Kostenentwicklung einschätzt und welche Effizienzreserven man im System vermutet.[26] Skeptisch stimmt aber schon die Beobachtung, dass die maßgeblichen Kostentreiber – neben der zunehmenden Zahlungsbereitschaft für die Gesundheitsversorgung vor allem der medizinische Fortschritt und die demografische Entwicklung – von Rationalisierungsbemühungen weitgehend unabhängig sind; insbesondere der medizinische Fortschritt schafft sich seine eigene Nachfrage.

Zudem sind die Grenzen zwischen Rationalisierung und Rationierung fließend. Am Beispiel der hausärztlichen Versorgung: Wenn man in der mecklenburgischen Steppe demnächst nicht mehr zum Hausarzt, sondern zur (billigeren) Gemeindeschwester geht, mag das meistens keinen Unterschied machen. Aber in einigen Fällen wäre ein Arzt vor Ort wohl doch gut gewesen, weil er eine ernste Krankheit womöglich schneller erkannt und Schlimmeres verhindert hätte.

Oder nehmen wir die innovativen Untersuchungs- und Behandlungsmethoden, die vielfach ohne hinreichenden Nachweis eines Zusatznutzens zu schnell Eingang in die Versorgung finden und so zu Kostensteigerungen führen. Dies ist umso problematischer, als manches Neue aufgrund noch nicht bekannter Nebenwirkungen mehr Schaden als Nutzen bringt. Andererseits kann ein stärker regulierter Zugang zu Innovationen zumindest im Einzelfall auch einen Rückschritt in der Versorgungsqualität bedeuten. Dass wir nicht bei jedem Kopfschmerz gleich die gesamte High-Tech-Diagnostik bemühen, leuchtet ein – aber irgendeinen Hirntumor werden wir dadurch schon übersehen. Dann schlägt die Rationalisierung in Rationierung um.

Damit zeigt sich schließlich das Kernproblem: Eine Strategie, die nur auf Rationalisierung setzt, wird immer Gefahr laufen, eine heimliche und verdeckte, »implizite« Rationierung zu bewirken. Rationalisierungsinstrumente begrenzen nämlich die verfügbaren Ressourcen, ohne über deren Verwendung zu entscheiden, und überlassen so die Verwaltung der Mittelknappheit dem Versorgungsalltag. Dies ist unmittelbar einsichtig für »harte« Steuerungsinstrumente wie gedeckelte Budgets und Wirtschaftlichkeitsprüfungen für Vertragsärzte oder die Fallgruppenpauschalen (Diagnosis Related Groups – DRGs) für die Krankenhäuser, mit deren Hilfe der Krankenversicherungsbeitrag stabil gehalten werden soll. Es ist nicht zu erwarten, dass die Leistungserbringer auf diese Eingriffe lediglich mit Rationalisierungsbemühungen reagieren; vermutlich werden sie auch zu Leistungseinschränkungen neigen. Diese Einschränkungen müssen nicht für konkrete Untersuchungs- oder Behandlungsmaßnahmen gelten, sondern können vielfältige Formen annehmen: Sie reichen von der Verkürzung der Besprechungszeit, dem Verschieben eines Behandlungstermins in das nächste Quartal und dem Verzicht auf die Verordnung eines hochpreisigen Medikaments beim Hausarzt bis hin zum Abbau des Pflegepersonals, der vorzeitigen »blutigen Entlassung« und der Vernachlässigung der Hygiene im Krankenhaus. Auch die Stimulierung von Wettbewerb der Krankenkassen und der Leistungserbringer mag Qualität und Effizienz der Versorgung erhöhen, birgt aber immer auch die Gefahr – wie von Ärzten und Patienten beklagt wird – einer Ökonomisierung des Systems mit der Folge, dass die intrinsische Motivation der Leistungserbringer zerstört und Versorgungsaufträge vernachlässigt werden, die sich in finanzieller Hinsicht nicht lohnen. Vor allem die Ärzteschaft bedauert vielfach, sie sei durch diese Entwicklung auf dem Weg von einem »freien Beruf« zu einem gewöhnlichen profitorientierten Gewerbe.

Ob, wo und inwieweit bereits heute eine implizite Rationierung in der GKV-Versorgung stattfindet, ist selbst wiederum umstritten. Es ist nicht leicht zu ermitteln, weil der Versorgungsbedarf im Einzelfall kaum objektiv zu klären ist; gelegentlich scheinen sich zudem die Maßstäbe zu verschieben (»wir schauen heute genauer als früher hin, ob eine Maßnahme wirklich notwendig ist«), ohne dass dies den Beteiligten selbst immer bewusst wäre. Empirische Untersuchungen legen allerdings etwa den Eindruck nahe, dass ein erheblicher Teil der Krankenhausärzte aus Kostengründen gelegentlich auf medizinisch Sinnvolles verzichtet.[27] Auch die bis zu 30000 Toten pro Jahr durch Krankenhausinfektionen haben gewiss mit einer unzureichenden Personalausstattung zu tun.[28] Dass die eine oder andere Klinikleitung das Personal sogar anweist, die Sterilisation der Operationsinstrumente zu vernachlässigen, um Zeit zu sparen[29], ist skandalös, unverantwortlich und rechtswidrig, aber ohne den wirtschaftlichen Druck, der auf den Krankenhäusern lastet, auch kaum zu erklären.

Eine implizite Rationierung ist aus mehreren Gründen bedenklich. Ihr Grundübel ist ihre Intransparenz, die – erstens – zu einer Belastung des Arzt-Patienten-Verhältnisses führt.[30] Wer sich nicht sicher ist, ob ihm eine Behandlung aus medizinischen oder aus finanziellen Gründen versagt bleibt, wird das Vertrauen verlieren, dass es dem Arzt nur um das Wohl des Patienten geht.[31] Vertrauen ist aber für alle Sozialbeziehungen ein unverzichtbares Element; für die Arzt-Patienten-Beziehung gilt dies ersichtlich in besonderer Weise. Der Spagat zwischen medizinischen und ökonomischen Notwendigkeiten ist auch für die Ärzte misslich, weshalb – außer aus Gründen der Verteidigung ihrer Einkommensinteressen und der Sorge um haftungsrechtliche Konsequenzen[32] – die verfasste Ärzteschaft in den letzten Jahren besonders entschieden eine offene Priorisierungsdiskussion gefordert hat.[33] Allerdings sind die Stellungnahmen der Ärzte und ihrer Organisationen nicht immer konsistent: Wer die Politik für die begrenzten Mittel in die Verantwortung nehmen will, wird es sich gefallen lassen müssen, dass dann bestimmte medizinische Maßnahmen auf einer höheren Regelungsebene – etwa durch Behandlungsleitlinien, die Kostenaspekte mitberücksichtigen[34] – aus dem Versorgungskatalog ausgeschlossen werden. Derartige Standardisierungen, die bisher vornehmlich mit Blick auf die Sicherung der Behandlungsqualität diskutiert worden sind, werden von den Ärzten aber auch weithin kritisch gesehen.[35] Die ärztliche Berufsethik ist eben ganz auf den individuellen Behandlungsfall ausgerichtet; gegenüber Strukturentscheidungen ist sie eigenartig hilflos.

Implizite Rationierungen führen – zweitens – dazu, dass nicht rational überlegt wird, wo die begrenzten Ressourcen am sinnvollsten eingesetzt werden sollten. Häufig wird dort gespart werden, wo der geringste Widerstand zu erwarten ist. So ist es aus Sicht eines Krankenhauses nachvollziehbar, modernste Hochtechnologie anzuschaffen, mit der man auch um Patienten werben kann. Ob für das Patientenwohl eine bessere Personalausstattung, ein Hygienebeauftragter oder mehr Betten auf der Intensivstation nicht wichtiger wären, ist damit noch nicht ausgemacht: Wird die Zuständigkeit einer Pflegekraft auf einer Intensivstation von vier auf sechs beziehungsweise acht Patienten erhöht, steigt die Mortalität um 14 beziehungsweise 31 Prozent[36] – das muss der aus den eingesparten Mitteln angeschaffte Computertomograf erst einmal kompensieren. Eine gewisse Willkürlichkeit, die die implizite Rationierung mit sich bringt, ist – drittens – für die Frage der sozialen Gerechtigkeit von Bedeutung. Es besteht nämlich der Verdacht, dass die hier entstehenden intransparenten Aushandlungsprozesse eine soziale Schieflage haben. Auch dies ist kaum eindeutig nachweisbar. Aber diejenigen Patienten, die insistieren, nachfragen und auf Augenhöhe mit den Ärzten kommunizieren und dadurch einen besseren Versorgungszugang haben, dürften typischerweise aus gehobenen sozialen Schichten stammen.[37] So hat etwa eine Untersuchung zur Versorgung von Bandscheibenerkrankungen festgestellt, dass Erwerbspersonen auffällig häufiger und mehr Rehabilitationsleistungen als Nichterwerbstätige erhalten und dieser Unterschied mit einem höheren beruflichen Status weiter zunimmt.[38] Derartige informelle soziale Zugangsunterschiede werden durch Verfahren der impliziten Rationierung erheblich verschärft.

»Rationalisierung vor Rationierung« ist daher ein sinnvoller, aber nur begrenzt hilfreicher Grundsatz. Dies gilt auch für das Verfassungsrecht; angesichts der dargestellten Ungewissheiten wird man dem Gesetzgeber keine eindeutigen Vorgaben machen können, ob und welche Rationalisierungen erfolgen müssen, bevor er Leistungsbeschränkungen einführt. Mit dem Grundsatz »Rationalisierung vor Rationierung« wird sich daher gesundheitspolitisch möglicherweise einiges, verfassungsrechtlich aber wenig ausrichten lassen. Zudem schließt sich beides nicht aus: Wir sollten sowohl das Versorgungssystem effizienter gestalten als auch rechtzeitig über Versorgungsprioritäten nachdenken. Sollte sich dann herausstellen, dass wir doch alles bezahlen können oder wollen, weil Effizienzsteigerungen möglich sind oder uns die Gesundheitsversorgung so viel wert ist: umso besser. Wahrscheinlich ist es allerdings nicht, dass wir mit mehr Geld und mehr Strukturreformen die Priorisierungsfragen auf Dauer werden vermeiden können – so gern die Gesundheitspolitik das sähe. Dass ungesteuerte und sozial selektive Verfahren der impliziten Rationierung gerechter sind als die Ergebnisse einer offenen Diskussion über Versorgungsprioritäten, ist jedenfalls kaum plausibel.

3. Leistungen: Priorisierung als Problem sozialer Gerechtigkeit

Priorisierung und Rationierung

Wenn Leistungsbeschränkungen auf Dauer unumgänglich sind, eine implizite Rationierung aber möglichst vermieden werden soll, bleibt dem Gemeinwesen nichts anderes übrig, als über Versorgungsprioritäten nachzudenken und diese in einem transparenten Verfahren festzulegen. Dafür hat sich in der Diskussion der letzten Jahre der Begriff der Priorisierung eingebürgert. Damit ist gemeint, dass – zunächst indikationsspezifisch – Untersuchungs- und Behandlungsmaßnahmen in eine Rangfolge der Notwendigkeit und Dringlichkeit gebracht werden: Was oben auf der Liste landet, wird auf jeden Fall zur Verfügung gestellt, während auf die Maßnahmen am unteren Ende verzichtet wird, wenn die Ressourcen nicht für alles ausreichen. Neben diese vertikale kann eine horizontale Priorisierung treten, die auch indikationsübergreifend vergleicht und ordnet.

Priorisierungen führen aus zwei Gründen nicht unmittelbar zu Leistungsbeschränkungen: Zum einen fällt nur dann etwas aus dem Versorgungskatalog heraus, wenn keine hinreichenden Mittel zur Verfügung stehen. Ob das der Fall ist, ergibt sich nicht aus dem Priorisierungsverfahren, sondern beruht auf einer rein politischen Entscheidung.[39] Zum anderen kann die Priorisierung auch dazu führen, zusätzliche

Maßnahmen in den Versorgungskatalog aufzunehmen, wenn etwa eine Unterversorgung in bestimmten Bereichen festgestellt wird; die Ressourcen möglichst zielgenau und fair einzusetzen ist ja gerade der Sinn von Prioritätensetzungen. Allerdings zielt in der aktuellen gesundheitspolitischen Diskussion eine Priorisierung immer auf eine spiegelbildliche Posteriorisierung (Zurücksetzung); wenn wir nicht den begründeten Verdacht hätten, dass die Mittel nicht für alles reichen, brauchten wir uns über eine Rangfolge keine Gedanken zu machen. Diese Möglichkeit von Leistungsbeschränkungen wird kaschiert, wenn gelegentlich behauptet wird, nur unnütze, also nicht wirksame oder sogar schädliche Maßnahmen sollten posteriorisiert werden: Therapien ohne medizinischen Nutzen können schon über das Verfahren der Rationalisierung ausgeschlossen werden; dafür müssten wir uns keine Priorisierungsdebatte aufhalsen.

»Priorisierung« klingt weniger bedrohlich als »Rationierung«, läuft aber letztlich auch darauf hinaus, medizinisch sinnvolle Maßnahmen aus Kostengründen zu versagen. Ob der Rationierungsbegriff mit seinen Assoziationen an die Mangelverwaltung in der Nachkriegszeit zur Bezeichnung von Leistungsbeschränkungen im Versorgungssystem in jeder Hinsicht glücklich gewählt ist, ist fraglich. Zudem ist er stärker aufgeladen als vielfach angenommen: Wird jede Beschränkung medizinisch – auch nur geringfügig – nützlicher Leistungen als Rationierung bezeichnet, wäre es schon eine Rationierung, nicht jedem Bürger einen Leibarzt zur Verfügung zu stellen – was den Begriff wohl überdehnen würde. Mit diesen Unschärfenproblemen im Sinn kann man aber Leistungsbeschränkungen als Rationierungen fassen, die durch eine Priorisierung vorbereitet werden.

Die Festlegung von Versorgungsprioritäten und entsprechenden Leistungsbeschränkungen stellt das Gemeinwesen vor zwei heikle Fragen: Wer soll über diese Festlegungen entscheiden? Und nach welchen Kriterien sollen sie vorgenommen werden? Darauf Antworten zu finden ist schon schwierig, wenn es um »reine« Gesundheitsgerechtigkeit geht – also darum, die verschiedenen Versorgungsbedürfnisse gerecht zu befriedigen. Die Lage wird noch komplizierter, wenn man die sozialen Unterschiede und Auswirkungen mitberücksichtigt.

Könnte man sich das Leben nicht einfacher machen, indem man Lösungsmodelle aus anderen Gesundheitssystemen übernimmt, die bereits Erfahrungen mit Priorisierungs- und Rationierungsverfahren gemacht haben? Tatsächlich nehmen Publikationen zu, die diese Erfahrungen aufarbeiten; besonderer Beliebtheit erfreuen sich dabei die Oregon-Liste und die Priorisierungsaktivitäten in Schweden.[40] Allerdings sind Lernprozesse für die deutsche Gesundheitspolitik hier nur sehr begrenzt möglich. Mit Blick auf die institutionelle Frage, wer in welchem Verfahren über Versorgungsprioritäten und -beschränkungen entscheiden soll, scheitern sie häufig daran, dass die Gesundheitssysteme sehr unterschiedlich organisiert sind. Und die Priorisierungskriterien können nicht ohne Weiteres übernommen werden, weil deren Akzeptanz auch von der jeweiligen Versorgungskultur und -tradition abhängt. Während in manchen europäischen Staaten etwa Wartezeiten für medizinische Maßnahmen – ein klassisches Rationierungsinstrument – offenbar klaglos hingenommen werden, wäre das in Deutschland kaum denkbar. Ein Gesundheitssystemvergleich kann daher helfen, bestimmte Fehler zu vermeiden; fertige Lösungen bietet er angesichts der Pfadabhängigkeit der Versorgungssysteme und -kulturen nicht.

Verfahren und Kriterien der Priorisierung

Bisher kennt die gesetzliche Regelung der GKV, das Fünfte Buch des Sozialgesetzbuchs (SGB V), offene Leistungsausschlüsse nur in Randbereichen der medizinischen Versorgung; so werden etwa nicht verschreibungspflichtige Arzneimittel, Medikamente zur Behandlung von Bagatellerkrankungen und Sehhilfen grundsätzlich nicht mehr von der Solidargemeinschaft getragen. Im Übrigen beschränkt sich das Gesetz auf die Vorgabe, dass die Leistungen ausreichend, zweckmäßig, notwendig und wirtschaftlich sein müssen. Was diese Begriffe bedeuten, die das SGB V in verschiedenen Normen und in unterschiedlichen Kombinationen geradezu mantraartig wiederholt, muss das Krankenversicherungssystem jedoch selbst klären; besondere Bedeutung kommt dabei dem Gemeinsamen Bundesausschuss (G-BA) zu, der die Versorgungsansprüche in Richtlinien konkretisiert, die sowohl für die Leistungserbringer als auch für die Versicherten verbindlich sind.

Ob dieses Gremium der sogenannten »Gemeinsamen Selbstverwaltung«, das sich aus Vertretern der Krankenkassen, der Vertragsärzte und der Krankenhäuser, drei unparteiischen Mitgliedern sowie (nicht stimmberechtigten) Patientenvertretern zusammensetzt, über die verfassungsrechtlich erforderliche Legitimation für diese Entscheidungen verfügt, ist seit Langem politisch und juristisch umstritten. Insbesondere die Sozialwahlen, die über die Zusammensetzung der Organe der Krankenkassen entscheiden, entfalten kaum eine Rechtfertigungskraft, die bis zum G-BA reicht. Aber nicht nur die personelle, auch die inhaltliche Legitimation ist dünn, weil die gesetzlichen Vorgaben eben weithin sehr unbestimmt bleiben. Dass etwa der Begriff des »Notwendigen«, der in der medizinethischen Diskussion nicht zu Unrecht als reine Blankettformel betrachtet wird, eine zentrale gesetzliche Steuerungsvorgabe darstellen soll, ist überraschend.

Was geschieht, wenn wir in Zukunft offen über Versorgungsprioritäten, Leistungsbeschränkungen und die damit verbundenen Kosten-Nutzen-Abwägungen entscheiden müssen? Der Gesetzgeber könnte auch dann auf die Idee kommen, diese Entscheidungen dem G-BA zuzuschieben. Damit wäre wohl nicht nur in verfassungsrechtlicher, sondern auch in politischer Hinsicht der Legitimationsrahmen gesprengt. Es wird berichtet, dass in einer Fernsehquizshow der Kandidat die 1-Million-Euro-Frage nicht beantworten konnte, ob der G-BA ein Organ des Deutschen Fußballbundes, das Bundestreffen deutscher Studentenverbindungen, die Gründungsversammlung der Schweiz oder eine Einrichtung des Gesundheitswesens ist.[41] Schon jetzt erscheint absurd, dass von einem zentralen Steuerungsorgan im Gesundheitswesen außerhalb der Fachkreise niemand weiß. Umso weniger werden wir geneigt sein, diesem Gremium die noch sehr viel brisantere Entscheidung zuzubilligen, wie viel welcher Behandlungserfolg kosten darf – zumal seine Mitglieder im Rahmen der korporatistischen Struktur der GKV immer auch ihre eigenen Interessen verfolgen.

Ebenso wenig geht es an, derartige Fragen an die Wissenschaft zu delegieren. Dies hat der Gesetzgeber versucht, als er 2007 die Kosten-Nutzen-Bewertung von Arzneimitteln eingeführt und dem Institut für Qualität und Wirtschaftlichkeit im Gesundheitswesen (IQWiG) die Aufgabe zugewiesen hat, anhand des jeweiligen Zusatznutzens einen angemessenen Preis zu »berechnen«. Damit ist ein wissenschaftliches Institut prinzipiell überfordert: Wie viel ein medizinischer Nutzen kosten darf, ist keine wissenschaftliche, sondern eine normative Frage des politischen Wollens und des moralischen Sollens, deren Beantwortung daher auch politisch verantwortet werden muss. Das unglückliche Resultat besteht nun darin, dass zentrale Probleme der Verteilungsgerechtigkeit in wenig transparenter und von einer breiteren Öffentlichkeit kaum wahrgenommer Weise in einem gesundheitsökonomischen Expertendiskurs über die IQWiG-Methodik der Kosten-Nutzen-Bewertung versteckt werden.

Der Bundestag wird aber auch nicht selbst den Ein- oder Ausschluss jeder einzelnen medizinischen Maßnahme in den Leistungskatalog der Krankenversicherung beraten und in einem förmlichen Gesetz regeln können; dazu ist das Parlament weder politisch bereit noch angesichts der Komplexität der Sachverhalte in der Lage. Es spricht daher viel für ein sachverständiges Gremium, das zugleich die Beteiligten des Gesundheitswesens »mitnimmt«. Die verfasste Ärzteschaft hat – analog zum Deutschen Ethikrat – einen »Gesundheitsrat« ins Spiel gebracht, der über Versorgungsprioritäten nachdenken soll. Wie auch immer ein derartiges Gremium konstituiert und zusammengesetzt sein mag – entscheidend ist, dass es nur beratende Funktion haben kann: Die Verantwortung für Leistungsbeschränkungen muss letztlich ein demokratisch legitimiertes Organ übernehmen, mindestens das Gesundheitsministerium im Wege der Rechtsverordnung. Die offene Festlegung von Versorgungsprioritäten und Leistungsbeschränkungen führt unvermeidlicherweise zu einer stärkeren Politisierung der Entscheidungen in der Krankenversicherung, die sich im institutionellen Design niederschlagen muss.[42]

Dies wird besonders deutlich, wenn man nun einen Blick auf die Vielzahl von denkbaren Verteilungsprinzipien wirft, die in der medizinethischen und gesundheitsökonomischen Literatur intensiv diskutiert werden.[43] Einige Priorisierungskriterien sind bereits als solche umstritten, etwa der Grundsatz, dass der Anspruch auf medizinische Versorgung davon abhängen sollte, ob und inwieweit der Betroffene selbst für seinen Gesundheitszustand verantwortlich ist, weil er ungesund gelebt oder eine verletzungsträchtige Sportart ausgeübt hat. Ähnliches gilt für Altersgrenzen, die, weil sie für alle in gleichem Maße gelten, erhebliche ethische und ordnungspolitische Vorteile bieten, in der politischen und juristischen Diskussion aber weithin als »altersdiskriminierend« schroff abgelehnt werden. Andere Kriterien dagegen werden grundsätzlich als sinnvoll anerkannt. So hat die Zentrale Ethikkommission bei der Bundesärztekammer (ZEKO) vorgeschlagen, die Priorisierung medizinischer Versorgungsleistungen anhand der folgenden drei Kriterien vorzunehmen: (1) Bedürftigkeit (verstanden als Dringlichkeit der Behandlung) sowie

(2) Nutzen und (3) Kosteneffektivität der Maßnahme.[44] Gelegentlich werden derartige Kriterien als »medizinische« Maßstäbe bezeichnet. Dies ist mindestens missverständlich: Zwar sind sie – anders als Alter und Eigenverantwortung – auf medizinische Interventionen bezogen und setzen medizinischen Sachverstand voraus; dass sie aber überhaupt als Priorisierungsregeln in Betracht kommen, beruht auf einer normativen Entscheidung, nicht auf medizinisch-wissenschaftlicher Expertise. In der Sache leuchten sie aber durchaus ein: Maßnahmen gegen schwere oder gar lebensbedrohliche Krankheiten, die besonders wirksam und zudem nicht übertrieben teuer sind, haben Vorrang gegenüber Mitteln, die gesundheitliche Bagatellen behandeln, deren Wirksamkeit gering oder ungewiss ist und die auch noch hohe Kosten verursachen. Das fundamentale Problem besteht dann allerdings darin, dass diese Kriterien in ganz unterschiedliche Richtungen weisen können und dies häufig auch tun: Gerade bei schweren Erkrankungen kann der Nutzen einer Therapie sehr gering oder zweifelhaft und die Maßnahme zudem sehr teuer sein. In welchem Verhältnis stehen diese Kriterien dann zueinander?

Derartige Fragen der Verteilungsgerechtigkeit haben im Grundsatz eine einfache, im Detail jedoch äußerst komplexe Lösung: den Standpunkt der Unparteilichkeit. Es gehört zu den Kernelementen unserer Vorstellung von Gerechtigkeit, von einer fairen Regelung zu verlangen, dass ihr jedermann zustimmen kann oder hätte zustimmen können, ohne deren Auswirkungen auf seine individuelle Situation zu kennen. Wer bereits an einer bestimmten Krankheit leidet, wird natürlich dazu neigen, eine optimale Versorgung einzufordern und auf Kosten keine Rücksicht zu nehmen. Hat oder hätte er aber zuvor einer Leistungsbeschränkung zugestimmt, ist es nicht unfair, ihn dann auch daran festzuhalten.

Orientiert man sich an diesem Grundsatz einer Ex-ante-Zustimmung, ist es unplausibel, dass die Verteilungsentscheidung sich nur an einem einzigen Kriterium orientiert. Dies gilt zunächst für die medizinische Bedürftigkeit oder die Dringlichkeit einer Behandlung, die das nächstliegende Verteilungskriterium darstellt. Gerade in der rechtswissenschaftlichen Diskussion ist es allerdings üblich, für Maßnahmen zur »Verhinderung des vermeidbaren Todes, die Heilung und Linderung von Krankheiten sowie des damit verbundenen Schmerzes« einen »Individualanspruch auf Gesundheit um jeden Preis« zu postulieren.[45] Auch die neuere Verfassungsrechtsprechung weist in diese Richtung. In seiner am 6. Dezember 2005 ergangenen und deshalb als »Nikolaus-Beschluss« bekannt gewordenen Entscheidung, ist das Bundesverfassungsgericht zum Ergebnis gekommen, ein gesetzlich Krankenversicherter besitze einen grundrechtlichen Leistungsanspruch auch auf eine von ihm gewählte und ärztlich angewandte, aber weder medizinisch noch von den dazu aufgerufenen Organen der GKV anerkannte Behandlungsmethode, wenn für seine lebensbedrohliche oder regelmäßig tödliche Erkrankung eine allgemein anerkannte, medizinischem Standard entsprechende Behandlung nicht zur Verfügung steht und eine nicht ganz entfernt liegende Aussicht auf Heilung oder auf eine spürbare positive Einwirkung auf den Krankheitsverlauf durch diese Behandlungsmethode besteht.[46] Polemisch zugespitzt bedeutet dies: Wenn bei ernsteren Krankheiten die Schulmedizin nicht weiterhilft, kann man es auf Kosten der Solidargemeinschaft auch mit Quacksalberei – im konkreten Fall ging es um die Bioresonanztherapie und ähnlichen Unfug – versuchen. Ob das vernünftig und geboten ist, erscheint sehr zweifelhaft. Zum einen dürfte diese Rechtsprechung weithin Unmögliches verlangen. Einen – in den Worten des Gerichts – »individuellen Wirkungszusammenhang« zu überprüfen, ist bei schwankenden Krankheitsverläufen und den bekannten Placebo-Effekten häufig ein aussichtsloses Unterfangen. Da der fragliche Anspruch verfassungsrechtlicher Natur ist, scheint es völlig unerheblich zu sein, was der Gesetzgeber oder die einschlägigen Gremien beschließen: Den Gerichten bleibt nichts anderes übrig, als diese Entscheidungen selbst zu überprüfen. Angesichts der Verzweiflung lebensbedrohlich Erkrankter, denen die Schulmedizin nichts mehr zu bieten hat und die daher nach jedem Strohhalm greifen, ist es nicht erstaunlich, dass das Verfassungsgericht eine Klagewelle mit sehr ungewissem Ausgang eingeleitet hat.[47]

Zum anderen wird in der Entscheidung gar nicht deutlich, warum dieses Ergebnis verfassungsrechtlich geboten ist. Die öffentliche Gewalt ist verpflichtet, eine angemessene Gesundheitsversorgung zur Verfügung zu stellen, und diese Verpflichtung mag in einem System, das durch die Beiträge der Versicherten getragen wird, besonders ausgeprägt sein. Aber lässt sich aus der Verfassung tatsächlich eine Leistungspflicht der Krankenversicherung für Behandlungsmethoden mit äußerst ungewissen Erfolgsaussichten ableiten? Ist es wirklich verfassungswidrig, die Leistungspflicht auf Methoden zu begrenzen, die eine gewisse Anerkennung gefunden haben? Jedenfalls hat das Verfassungsgericht in dem Spannungsverhältnis der Priorisierungskriterien ganz und gar auf die *Rule of rescue* gesetzt: Die Erforderlichkeit eines Nutzennachweises wird weitestgehend zurückgenommen; von den Kosten der fraglichen Maßnahme ist in der Entscheidung gar keine Rede. Ein derartiger verfassungsrechtlicher Rigorismus mit Blick auf den – in den Worten des Gerichts – »Höchstwert Leben« führt zu äußerst unplausiblen Konsequenzen. So könnten wir individuell und kollektiv der Ansicht sein, dass gerade auf medizinische Maßnahmen am Lebensende verzichtet werden sollte, die nur eine Lebensverlängerung von wenigen Wochen bei sehr begrenzter Lebensqualität, aber sehr hohen Kosten bieten. Es ist nicht zu sehen, warum diese Entscheidung unvernünftig oder unmoralisch wäre; das Verfassungsrecht sollte uns nicht zwingen, für marginale Lebensverlängerungen Unsummen auszugeben. In diesem ganz unverdächtigen

Sinne sind die Gesundheit und selbst der »Höchstwert Leben« einer Kosten-Nutzen-Abwägung nicht entzogen.

In Deutschland tut man sich schwer mit dieser Einsicht. Die Überzeugung, Leben und Gesundheit dürften nicht monetär bewertet werden, ist hierzulande gerade in der juristischen Diskussion weit verbreitet. Dieser Rigorismus mag irgendwie mit der deutschen Geschichte zusammenhängen, sonderlich überzeugend ist er dennoch nicht. Zum einen überträgt er das Verbot, Leben und Gesundheit zur Verfolgung anderer Ziele zu schädigen, unbesehen auf die Solidaritätspflicht. Das eine folgt aber nicht aus dem anderen: Dass wir niemanden töten oder verletzen dürfen, um Kosten zu sparen, bedeutet noch nicht, dass wir unbegrenzte Ressourcen bereitstellen müssen, um Leben und Gesundheit zu erhalten. Zum anderen überlegen wir auch außerhalb des Gesundheitswesens ständig, ob etwa Maßnahmen zur Erhöhung der Sicherheit des Verkehrs oder zur Vermeidung von gesundheitsschädlichen Umweltbelastungen ihren Preis wert sind, obwohl es auch dabei um Leben und Gesundheit geht. Warum sollte das im Gesundheitswesen anders sein? Das Argument, derartige Abwägungen sollten jedenfalls nicht offengelegt werden, weil dies die normativen Voraussetzungen des Zusammenlebens gefährden könnte[48], befördert eine reine Symbolpolitik, die irrationalen Prioritätensetzungen Vorschub leistet.[49] Es stellt demokratischen Gemeinwesen auch ein Armutszeugnis aus, wenn suggeriert wird, dass die Bürger nicht in der Lage seien, über Nutzen und Kosten medizinischer Maßnahmen zu reflektieren, ohne gleich in einen moralischen Abgrund zu stürzen.

Immerhin werden derartige Abwägungen in anderen Ländern vorgenommen, ohne dass sich diese deshalb in einem moralischen Niedergang befinden. Wenn das britische National Institute for Health and Clinical Excellence (NICE) mehr oder weniger strikte Kostenobergrenzen für Gewinne an Lebenszeit und -qualität festsetzt, könnte das noch als kruder angelsächsischer Utilitarismus abgetan werden. Aber auch in der Schweiz konnte man letztes Jahr im Urteil des Bundesgerichts lesen: »Die Kostenfrage kann nicht auf die Seite geschoben werden mit der blossen Behauptung, es sei ethisch oder rechtlich unzulässig, Kostenüberlegungen anzustellen, wenn es um die menschliche Gesundheit gehe«.[50] Verhandelt wurde die Leistungspflicht der Krankenversicherung für ein Medikament, das zur Behandlung einer Stoffwechselkrankheit (Morbus Pompe) eingesetzt werden sollte, die sich insbesondere auf die Muskulatur auswirkt. Die eineinhalbjährige Behandlung, zu der es keine Therapiealternative gibt, führt dazu, dass sich die 6-Minuten-Gehstrecke der Betroffenen von circa 330 Metern durchschnittlich um 28 Meter verbessert; sie kostet allerdings rund 500000 Schweizer Franken pro Jahr. Das Gericht sieht glasklar das Problem: »Die finanziellen Mittel, die einer Gesellschaft zur Erfüllung gesellschaftlich erwünschter Aufgaben zur Verfügung stehen, sind nicht unendlich. Die Mittel, die für eine bestimmte Aufgabe verwendet werden, stehen nicht für andere ebenfalls erwünschte Aufgaben zur Verfügung. Deshalb kann kein Ziel ohne Rücksicht auf den finanziellen Aufwand angestrebt werden, sondern es ist das Kosten-/Nutzen- oder das Kosten-/Wirtschaftlichkeitsverhältnis zu bemessen. Das gilt auch für die Gesundheitsversorgung.« Erklärt wird auch, wohin es führt, wenn man diese Problematik tabuisiert: »Sodann ist allgemein- und gerichtsnotorisch, dass in der alltäglichen medizinischen Praxis die Kostenfrage eine erhebliche Rolle spielt und verbreitet eine Art implizite oder verdeckte Rationierung stattfindet. Diese Situation ist unbefriedigend, weil sie für alle Beteiligten grosse Rechtsunsicherheit und zugleich Rechtsungleichheit schafft, indem bestimmte Behandlungen je nach dem Entscheid einzelner Ärzte oder Krankenkassen vorgenommen bzw. vergütet werden oder nicht.« Es gleicht dann die eingeklagten Behandlungskosten mit den Kosten ab, die sowohl für andere Therapien als auch in anderen Lebensbereichen für gesundheitsbezogene Verbesserungen in der Schweiz akzeptiert werden, und findet schließlich über den Gleichheitsgedanken eine beeindruckende Lösung des konkreten Falls: »Statistisch sind 2,8% der schweizerischen Wohnbevölkerung ab 15 Jahren in ihrem Gehvermögen auf weniger als 200 m beschränkt, was rund 180 000 Personen entspricht, die mit einer ähnlich eingeschränkten Lebensqualität wie die Beschwerdeführerin leben müssen. Mit einem Aufwand von rund Fr. 500 000 pro Jahr ließe sich möglicherweise bei den meisten dieser Menschen die Lebensqualität in vergleichbarem Ausmass wie bei der Beschwerdeführerin verbessern. Würde bei der Beschwerdeführerin ein solcher Aufwand betrieben, wäre im Licht der Rechtsgleichheit kein Grund ersichtlich, allen anderen Patienten in vergleichbarer Lage einen gleichen Aufwand zu verweigern. Dadurch entstünden jährliche Kosten von rund 90 Mrd. Franken. Das ist rund das 1,6-Fache der gesamten Kosten des Gesundheitswesens oder etwas mehr als 17% des gesamten Bruttoinlandsprodukts der Schweiz. Die obligatorische Krankenpflegeversicherung ist offensichtlich nicht in der Lage, für die Linderung eines einzigen Beschwerdebildes einen derartigen Aufwand zu bezahlen. Ist der Aufwand nicht verallgemeinerungsfähig, so kann er aus Gründen der Rechtsgleichheit auch im Einzelfall nicht erbracht werden.« Wenn das höchste Gericht eines Nachbarlandes, das nicht für dramatische Zuspitzungen bekannt ist, zu derartigen Überlegungen in der Lage ist, sollte dann nicht auch in Deutschland eine offene Abwägung von Nutzen und Kosten in der Gesundheitsversorgung möglich sein?

Nutzen und Kosten zu berücksichtigen heißt allerdings nicht, dass medizinische Leistungen ausschließlich nach diesen Kriterien priorisiert werden können. Eine solche Auffassung, die mehr oder weniger entschieden von Gesundheitsökonomen vertreten wird, begreift das Versorgungssystem als eine Einrichtung, die mit möglichst geringen Kosten ein Maximum an Gesundheit produziert. Im ersten Moment klingt das durchaus plausibel: Mehr ist immer besser als weniger Gesundheit. Bei näherem Hinsehen ist es jedoch zutiefst kontraintuitiv. Zum einen verfehlt es den historischen, politischen und auch symbolischen Sinn des Versorgungssystems. Dass wir ein solches System haben, zu dem jedermann Zugang hat, liegt nicht daran, dass wir Gesundheit maximieren wollen, sondern beruht darauf, dass wir kranken Menschen beistehen müssen: Niemand soll mit seiner Krankheit alleingelassen werden. Ausgangspunkt ist hier der individuelle Bedarf, nicht ein gesellschaftliches Ziel. Zum anderen wäre es auch völlig unklar, *wessen* Gesundheit maximiert werden soll.[51] Angesichts des normativen Individualismus unserer Rechtsordnung kann es keinen »Volkskörper« geben, dessen Gesundheit unabhängig von oder gar vorrangig gegenüber den individuellen Gesundheitszuständen wäre. Das wirkt sich insbesondere auf die Verteilungsfrage aus, für die die (Gesundheits-)Ökonomie keinen rechten Sinn hat: Wenn A eine Behandlung verweigert wird, tröstet es ihn wohl kaum, dass bei B und C mit dem gleichen Ressourceneinsatz sehr viel mehr gesundheitlicher Nutzen gestiftet werden kann. Dieses Argument aggregiert nämlich Nutzengewinne zu einem Gesamtnutzen, für den es gar keinen Träger gibt. Ein rein maximierender gesundheitsökonomischer Ansatz unterliegt daher der durchgreifenden Kritik, die schon immer gegen den Utilitarismus vorgebracht worden ist: Er »nimmt die Verschiedenheit der einzelnen Menschen nicht ernst«[52]. In einer Ordnung, die auf die Würde und die Rechte jedes Einzelnen gegründet ist, kann eine ergebnismaximierende Allokation von Gesundheitsgütern nur legitim sein, wenn und soweit ein derartiges Verteilungsmuster im Interesse jedes Einzelnen und somit verallgemeinerungsfähig ist. Nutzenmaximierung hat daher keinen fundamentalen, sondern nur einen abgeleiteten normativen Status.

Nun hat jeder durchaus ein Interesse an einer maximierenden Allokation, weil mit ihr auch die Wahrscheinlichkeit steigt, dass er selbst den größtmöglichen gesundheitlichen

Nutzen aus den knappen Ressourcen zieht. In diesem Sinne ist auch die beliebte Gegenüberstellung von Ethik und Ökonomie grundfalsch: Gerade weil Gesundheit so wichtig ist und die Mittel knapp sind, ist ihre effiziente Verwendung ethisch geboten. Die Überzeugungskraft dieser Ex-ante-Rechtfertigung steht allerdings unter der Bedingung, dass der Einzelne noch nicht weiß, in welchem gesundheitlichen Zustand er sich befinden und auf welche medizinischen Leistungen er angewiesen sein wird. Wem mit dieser Begründung eine medizinische Behandlung versagt wird, der wird dies nur akzeptieren können, wenn nicht schon von vornherein klar ist, dass er der Verlierer dieses Allokationsschemas ist. Dies ist sicherlich der Fall, wenn sich die Vor- und Nachteile zufällig verteilen und nicht von existentieller Bedeutung sind. Kann beides aber nicht vorausgesetzt werden – geht es etwa um eine schwere und angeborene Krankheit –, hat der Verweis auf die Nutzenmaximierung keine rechtfertigende Kraft mehr. Wenn etwa den Menschen, die an der Bluterkrankheit leiden, die lebensnotwendige Behandlung unter Hinweis auf ihr schlechtes Kosten-Nutzen-Verhältnis versagt wird, wird sie das Argument, dass letztlich alle von einem effizienten Mitteleinsatz profitieren, weil sie an anderer Stelle aus den eingesparten Ressourcen kompensiert werden können, nicht überzeugen: Sie werden dann nämlich ihren Kompensationsgewinn gar nicht mehr erleben, und sie wissen dies auch heute schon.

Pointiert formuliert: Wir dürfen nur medizinische Maßnahmen priorisieren und posteriorisieren, nicht aber Menschen. Diese Einsicht trifft sich mit den einschlägigen Gleichheitsrechten der Verfassung, die besonders strenge Anforderungen stellen, wenn nicht nur Sachverhalte, sondern Personengruppen ungleich behandelt werden und zudem existentielle Interessen betroffen sind. Rechtspraktische Bedeutung könnten diese verfassungsrechtlichen Grenzen etwa für den Einsatz des *quality adjusted life year* (QALY) als Grundlage der Bewertung des Nutzens und der Kosteneffektivität medizinischer Maßnahmen gewinnen, den die gesundheitsökonomische Standardliteratur befürwortet. Ohne weitere Modifikationen führen auf QALY-Berechnungen gestützte Allokationsverfahren zu einer strukturellen Benachteiligung behinderter Menschen, da deren Versorgung angesichts ihrer geringeren Lebensqualität und nicht selten auch geringeren Lebenserwartung ein geringerer Nutzen und eine geringere Kosteneffektivität zugeschrieben werden muss.[53] Dies wäre aber mit dem Verbot einer Diskriminierung wegen der Behinderung, wie es in Art. 3 Abs. 2 Satz 2 auch das Grundgesetz enthält, nicht vereinbar. Trifft das durch QALY-Berechnungen angeleitete Allokationsmuster dagegen potenziell jedermann, stößt es auf erheblich weniger Bedenken. Dies gilt übrigens auch für Altersgrenzen in der medizinischen Versorgung: Schließlich altern wir alle.

Gegenüber einem rein nutzen- und effizienzorientierten Ansatz bricht sich somit die auf den Schutz des Individuums bezogene Logik des Verfassungsrechts und insbesondere der Grundrechte Bahn, ohne sich aber den Gesichtspunkten des Nutzens und der Effizienz völlig zu verschließen. Überhaupt muss man betonen, dass sich aus der Verfassung keine punktgenauen Vorgaben ableiten lassen. Einzelne Allokationskriterien mögen mit verfassungsrechtlichen Grundsätzen kollidieren; aus dem Grundgesetz wird sich aber ebenso wenig ein einziges Verteilungsschema ergeben wie aus medizinethischen Überlegungen. Das grundlegende Gleichheitsgebot verlangt letztlich nichts anderes als die Behandlung eines jeden »als Gleicher«, also mit angemessener Berücksichtigung seiner Interessen.[54] Was aber in diesem Sinne eine »angemessene« Gesundheitsversorgung und eine »gleiche« Verteilung darstellt, bleibt in hohem Maße komplex und konkretisierungsbedürftig und damit auch legitimer Gegenstand der politischen Auseinandersetzung. Deshalb ist es so wichtig, dass wir geeignete Institutionen etablieren und Verfahren entwickeln, um diese Fragen zu diskutieren und auszuhandeln.[55]

Soziale Auswirkungen der Priorisierung

Die gerechte Priorisierung medizinischer Maßnahmen und Behandlungsnotwendigkeiten ist schon schwierig genug, wenn man unterstellt, dass die finanzielle Leistungsfähigkeit der Betroffenen keine Rolle spielt. So ist es etwa im Transplantationswesen umstritten, wie die knappen Organe verteilt werden sollen, obwohl der private Zukauf von Lebern, Nieren und Herzen – jedenfalls auf legalem Wege – nicht möglich ist. In der medizinischen Normalversorgung sieht das aber ganz anders aus: Es existiert neben der GKV bereits ein riesiger Gesundheits- und Wellnessmarkt, und es ist zu erwarten, dass die Versicherten, die sich das leisten können, auf Beschränkungen in der Krankenversicherung reagieren werden, indem sie diese Leistungen zukaufen oder Zusatzversicherungen abschließen. Die dann drohende soziale Spaltung der Versorgung sollte uns zwar nicht davon abhalten, überhaupt über Leistungsbegrenzungen nachzudenken, führt aber zu wirkungsmächtigen und berechtigten politischen Bedenken, auf die die Priorisierungsdiskussion eine Antwort geben muss.

Ungesteuerte und intransparente Leistungsausgrenzungen bergen die Gefahr, dass auch sinnvolle und kostengünstige medizinische Maßnahmen nicht mehr erbracht werden, und derartige Ausschlüsse treffen dann diejenigen Versicherten besonders hart, die diese Versorgungslücken nicht aus eigenen Ressourcen füllen können. Bei der Verteilung knapper und wichtiger Güter sollten Fehlsteuerungen und irrationale Entscheidungen auch und gerade aus Gründen der sozialen Gerechtigkeit unbedingt vermieden werden. Dies wird aber nicht gelingen, wenn man die Diskussion über Versorgungsprioritäten tabuisiert: Prioritäten müssen bei begrenzten Mitteln immer gesetzt werden; die Frage ist nur, ob dies ungesteuert geschieht oder ob wir offen darüber diskutieren können.

Ferner haben unterschiedliche Priorisierungskriterien und -verfahren unterschiedliche soziale Auswirkungen. Bisher neigt der Gesetzgeber dazu, vorrangig Leistungen auszuschließen oder zu beschränken, die zwar medizinisch sinnvoll, aber nicht im strikten Sinne notwendig und zudem nicht sehr teuer sind, sodass sie der Eigenverantwortung der Versicherten überlassen werden können. Für diese Vorgehensweise mag einiges sprechen; insbesondere wird sie von der den Sozialstaat tragenden »Mitte der Gesellschaft« weithin akzeptiert – wie man überhaupt den Eindruck gewinnen kann, dass sowohl das politische System als auch die korporatistischen Entscheidungsgremien der GKV eine starke Mittelstandsorientierung aufweisen. Eine solche Vorgehensweise birgt natürlich die Gefahr einer sozialen Differenzierung, weil diese Leistungen von einkommensschwächeren Teilen der Bevölkerung nicht so leicht zugekauft werden können. Andere Prioritätensetzungen führen nicht notwendigerweise zu diesem Ergebnis. Werden Leistungen posteriorisiert, die nur marginalen Nutzen haben[56] oder bei extrem hohen Kosten nur einen begrenzten Zusatznutzen generieren (etwa eine Verlängerung der Gehfähigkeit um 28 Meter für 500 000 Schweizer Franken pro Jahr), ist wohl nicht zu erwarten, dass sie in einem relevanten Ausmaß privat finanziert werden. Ebenso kann man das Kriterium des Alters unter diesem Aspekt betrachten: Setzt man auf das biologische Alter – also auf den individuellen Gesundheitszustand und die sich daraus ergebenden Erfolgsaussichten einer medizinischen Behandlung –, werden nicht nur die Gesünderen, sondern mittelbar auch die Wohlhabenderen bevorzugt, weil sie sich typischerweise in einem besseren Gesundheitszustand befinden. Das chronologische oder kalendarische Alter ist demgegenüber egalitär; es führt sogar zu einem gewissen sozialen Ausgleich, weil vor allem Patienten mit einem höheren Sozialstatus und der damit verknüpften höheren Lebenserwartung betroffen sind, wenn bestimmte Leistungen ab einem hohen Alter nicht mehr gewährleistet werden. Kaum überspitzt formuliert: Wer die heiklen Fragen – Kosten-Nutzen-Verhältnisse, Altersgrenzen – scheut und stattdessen sinnvolle, aber billige Medizin ausgrenzt, wird dadurch eine soziale Differenzierung der Versorgung befördern. Je rationaler und plausibler Prioritäten gesetzt werden, desto geringer ist die Gefahr einer sozialen Ausdifferenzierung der medizinischen Versorgung.

Trotzdem wird ein freiheitliches und deshalb in ökonomischer Hinsicht auch immer ungleiches Gemeinwesen Versorgungsunterschiede nie ganz vermeiden können, wenn die Leistungen des öffentlichen Gesundheitssystems nicht unbegrenzt sind. Was bedeutet dann soziale Gerechtigkeit in der Gesundheitsversorgung unter den Bedingungen knapper Mittel? Was schulden wir uns gegenseitig auch dann, wenn wir nicht alles medizinisch Sinnvolle in einem öffentlichen Versorgungssystem gewährleisten können?

Das verfassungsrechtliche und moralische Recht auf Leistungen der Gesundheitsversorgung kann sich dann jedenfalls nicht mehr ausschließlich am »absoluten« Bedarf im Einzelfall ausrichten: Könnte unter Hinweis auf die individuelle Behandlungsbedürftigkeit jeweils die bestmögliche verfügbare Medizin eingeklagt werden, wären Leistungsbeschränkungen gar nicht mehr möglich. Ansprüche können daher nur systemrelativ, als Recht auf Teilhabe an einem existierenden und diskriminierungsfrei ausgestalteten Versorgungssystem und -standard verstanden werden: Jeder hat einen Anspruch auf eine angemessene medizinische Behandlung, aber die Frage, was angemessen ist, lässt sich nicht absolut (also nur mit Blick auf den Gesundheitszustand des Betroffenen und die entsprechende medizinische Erforderlichkeit oder Zweckmäßigkeit der Behandlung) definieren, sondern nur im Verhältnis zu den Ausgaben für Medizin, die – in Abwägung mit anderen Gütern – allgemein für angemessen gehalten werden.

Was insoweit angemessen ist, stellt keine feste Größe dar, sondern hängt von den Präferenzen der Bürger und verschiedenen Randbedingungen ab. So wird wohl bei steigendem Wohlstand und weitgehender Erfüllung anderer

(Grund-)Bedürfnisse die Bereitschaft zunehmen, zusätzliche Ressourcen in die Gesundheitsversorgung zu investieren. Andererseits kann das Kosten-Nutzen-Verhältnis auch so schlecht werden, dass auf einen Zukauf verzichtet wird. Grundsätzlich ließe sich aber leicht feststellen, was allgemein für angemessen gehalten wird[57]: Man brauchte nur festzustellen, welche Mittel ein Bürger mit durchschnittlichem Einkommen und Gesundheitszustand zusätzlich in seine Versorgung investiert. Ist das in dieser Vergleichsgruppe für angemessen gehaltene Niveau ermittelt worden, ist es nicht unfair, wenn sich auch die Gesundheitsversorgung der Bürger, die über kein eigenes Einkommen verfügen und deshalb keine eigene Entscheidung über das Niveau ihrer medizinischen Behandlung treffen können, an diesem Standard orientiert. Dabei könnte man sich mindestens theoretisch folgenden Kontrollmechanismus vorstellen[58]: Die im öffentlichen System gewährleistete Standardversorgung wird regelmäßig um die Leistungen ergänzt (wobei im Gegenzug gegebenenfalls andere Leistungen herausgenommen werden), die üblicherweise über diese Standardversorgung hinaus freiwillig eingekauft werden.

Dass der Versorgungsanspruch damit system- und kulturrelativ wird, ist weder erstaunlich noch bedenklich. Der Sozialstaat will keine Maximalversorgung oder materielle Gleichheit, sondern eine gleichberechtigte, nicht ausgegrenzte Existenz in unserem Gemeinwesen, also soziale Inklusion gewährleisten. Dabei ist die medizinische Versorgung so wichtig, dass niemand von deren Standardniveau abgehängt werden darf. Tatsächlich teilt die Rechtsordnung diese Wertung: Während wir in anderen Lebensbereichen deutliche Unterschiede zwischen Mindest-, Normal- und gehobener Versorgung kennen, schließt etwa die medizinische Versorgung der Sozialhilfeempfänger genau an das in der GKV gewährleistete Standardniveau an. Dass sich für Asylbewerber die Medizin dagegen auf die »Behandlung akuter Erkrankungen und Schmerzzustände« beschränkt (so das Asylbewerberleistungsgesetz), kann allenfalls dadurch gerechtfertigt werden, dass diese Regelung gerade kein gleichberechtigtes Leben in unserem Gemeinwesen auf Dauer, sondern – von ihrer Abschreckungsintention abgesehen – nur eine Übergangslösung bis zur Ausreise oder Anerkennung eines Asylbewerbers gewährleisten soll. Im Übrigen hat der Sozialstaat die Teilnahme an der medizinischen Normalversorgung für alle Bürger sicherzustellen – was aber nichts daran ändert, dass diese sich überlegen müssen, was ihnen diese Versorgung wert ist. Ergeben sich dann aus dieser Überlegung bestimmte Leistungseinschränkungen, kann dagegen nicht der Einwand der Ungerechtigkeit erhoben werden: Warum sollten die Mittellosen Ansprüche auf medizinische Maßnahmen haben, die sich der Durchschnittsbürger nicht leisten will? Natürlich wird es immer einige Superreiche geben, die sich auch darüber hinausgehenden medizinischen Luxus kaufen, aber das kann kein Maßstab für unsere Solidaritätspflicht sein. Der Sozialstaat muss verhindern, dass ganze Bevölkerungsgruppen von der Normalversorgung abgekoppelt werden, aber er sollte gar nicht erst versprechen, dass jedermann seine Knieprobleme wie die Fußballprofis behandeln lassen kann. Anders gesagt: Ungerecht ist es, wenn sich die Gesundheitsversorgung in dem Sinne sozial ausdifferenziert, dass ganze Gruppen aus finanziellen Gründen nicht mehr an den üblichen medizinischen Möglichkeiten teilhaben können. Überhaupt nicht ungerecht, sondern sehr gut nachvollziehbar hingegen ist es, wenn die Bürger die Gesundheitskosten begrenzen und daher auf bestimmte Leistungen verzichten wollen.

Nun sind allerdings Gesellschaften denkbar, deren Einkommens- und Vermögensverteilung so extrem ungleich ist, dass nicht auf die Absicherungsentscheidung des Durchschnittsbürgers abgestellt werden kann: Wo keine »Mitte der Gesellschaft«, sondern nur eine Kombination aus massenhaftem Elend und unfassbarem Reichtum einiger Weniger existiert, gibt es keine durchschnittliche Versorgungsentscheidung, die den Standard der sozialen Inklusion definieren könnte; dass die Bürger hier aus blanker Not auf Medizin verzichten, rechtfertigt gar nichts. Aber in Deutschland und anderen vergleichbaren Ländern will der Durchschnittsverdiener einen Anstieg der Gesundheitskosten verhindern, um weiterhin Urlaubsreisen machen oder Autos und Wohnzimmerschrankwände kaufen zu können. Dann kann noch keine Rede davon sein, dass uns das aus dieser Abwägung resultierende Niveau der medizinischen Normalversorgung aus moralischen oder verfassungsrechtlichen Gründen zu einer radikalen Kritik der gegenwärtigen Vermögensverteilung zwingt oder uns dazu nötigt, alle irgendwie verfügbaren Mittel in die Gesundheitsversorgung zu investieren.

III. Soziale Gesundheitsungleichheiten

Dass niemand früher sterben muss, weil er arm ist, versucht der Sozialstaat sicherzustellen, indem er eine allgemein zugängliche medizinische Versorgung auf hohem Niveau gewährleistet. Und doch differenziert sich Gesundheit in einem überraschenden Umfang sozial aus. Woran liegt das? Und kann und sollte der Sozialstaat dagegen etwas tun?

1. Die ungleiche Verteilung von Gesundheit als normatives Problem

Wie ungleich Gesundheit ist

Dass die Verteilung von Gesundheit in den Industriegesellschaften erstaunlich ungleich ist und sozialen Differenzierungen folgt, wird von Epidemiologen schon lange berichtet.[59] Eine gewisse Schockwirkung hatte diese Erkenntnis für Großbritannien, dessen National Health Service besonders egalitär ist; entsprechend wurden hier von der Regierung frühzeitig Untersuchungen zu diesem Thema in Auftrag gegeben und gesundheitspolitische Maßnahmen ergriffen.[60] Auch hat sich die – in der 1960er Jahren tatsächlich geäußerte[61] – Erwartung nicht bewahrheitet, mit der Bereitstellung der gesundheitsrelevanten öffentlichen Güter und einem gewissen Lebensstandard der gesamten Bevölkerung, der in den Wohlfahrtsstaaten weithin erreicht wurde, werde die soziale Differenzierung des Gesundheitszustandes verschwinden; in vielen europäischen Staaten haben die gesundheitlichen Ungleichheiten in den letzten Jahrzehnten sogar zugenommen.[62] Dabei handelt es sich nicht um ein reines Deprivationsphänomen: Zwar ist der Gesundheitszustand in den untersten sozialen Schichten – gemessen an Einkommen, beruflicher Position oder Bildungsstand – am schlechtesten; der soziale Gesundheitsgradient setzt sich aber durch die gesamte Gesellschaft fort – auch dort, wo von Armut oder gar Verelendung keine Rede sein kann.[63]

In Deutschland ist die soziale Differenzierung von Gesundheit erst seit Kurzem Gegenstand zunächst der wissenschaftlichen und langsam auch der politischen Aufmerksamkeit.[64] Soweit empirische Untersuchungen vorliegen, bestätigen sie den Tatbestand der sozialen Differenzierung. So gelangt die Expertise des Robert Koch-Instituts zum 2. Armuts- und Reichtumsbericht der Bundesregierung zum Ergebnis, dass auch in Deutschland deutliche Zusammenhänge zwischen sozioökonomischem Status und Gesundheit bestehen.[65] So gibt es nicht nur die bereits erwähnte Schere von zehn Jahren Lebenserwartung bei Männern; bei Frauen beträgt der Unterschied zwischen oberen und unteren Einkommen acht Jahre. Vergleicht man die in Gesundheit verbrachten Lebensjahre, sind die Unterschiede mit 14 und zehn Jahren noch größer.[66] Der von 2003 bis 2006 erhobene Kinder- und Jugendgesundheitssurvey (KiGGS) weist nun nach, dass diese soziale Differenzierung des Gesundheitszustandes in vielerlei Hinsicht bereits im frühen Alter beginnt.[67] Auch wenn manche Daten und Zusammenhänge umstritten geblieben sind, wird für Deutschland die Existenz eines ausgeprägten sozialen Gesundheitsgradienten nicht mehr grundsätzlich geleugnet.[68]

Warum Gesundheit ungleich ist

Wie weithin anerkannt, hat die medizinische Versorgung für den Gesundheitszustand der Bevölkerung – um den belasteten Begriff der Volksgesundheit zu vermeiden – begrenzte Bedeutung. Historische Untersuchungen gehen davon aus, dass der Zuwachs der Lebenserwartung in Höhe von 30 Jahren, der in den letzten 100 Jahren in den entwickelten Gesellschaften erreicht werden konnte, sich nur zu einem relativ kleinen Teil – die Einschätzungen liegen zwischen unter fünf bis zu höchstens zehn Jahren – dem medizinischen Fortschritt verdankt.[69] Der Sachverständigenrat hat den Anteil des Gesundheitssystems an der Verbesserung der gesundheitlichen Ergebnisse auf 10 bis 30 Prozent bei Männern und 20 bis 40 Prozent bei Frauen geschätzt.[70] Bestätigt wird diese Ansicht durch eine vergleichende Betrachtung: Während die durchschnittliche Lebenserwartung mit dem Anstieg des Wohlstandes einer Gesellschaft und der dadurch ermöglichten besseren medizinischen Versorgung zunächst rasant zunimmt, flacht diese Kurve ab einem gewissen Niveau – etwa 5 000 Dollar Bruttosozialprodukt pro Kopf – ebenso rapide ab. Innerhalb der Staaten, die oberhalb dieses Schwellenwertes liegen und in denen nicht mehr die Infektionskrankheiten, sondern nicht übertragbare Krankheiten die Haupttodesursachen bilden, zeigt sich ein recht uneinheitliches Bild: Die durchschnittliche Lebenserwartung steht weder mit der Höhe des Bruttosozialprodukts noch mit der Höhe der Gesundheitsausgaben in einer Beziehung. Dass etwa die US-Amerikaner durchschnittlich mehr als doppelt so viel für ihre medizinische Versorgung ausgeben wie die Briten, macht sie nicht gesünder – im Gegenteil.[71]

Die Rolle der medizinischen Versorgung ist deshalb bescheiden, weil es aus epidemiologischer Sicht nicht entscheidend ist, wie gut eine Krankheit behandelt wird, sondern dass sie möglichst selten und spät auftritt. Für die Gesundheit der Bevölkerung ist also die Prävention – im weitesten Sinne – viel wichtiger als die kurative medizinische Behandlung. Ob und in welchem Umfang Krankheiten auftreten, ist aber eben von anderen, im weitesten Sinne sozialen Faktoren abhängig. Dabei lassen sich unterschiedliche gesundheitsrelevante Faktoren unterscheiden:

(1) Die Qualität und Verfügbarkeit der *medizinischen Versorgung* ist der offensichtlichste, aber – bei allen Schwierigkeiten

einer Quantifizierung der verschiedenen Determinanten – auch ein Einflussfaktor mit eher geringem Gewicht, sobald ein gewisses Versorgungsniveau erreicht ist.

(2) Zu berücksichtigen ist sowohl auf individueller als auch auf kollektiver Ebene die *genetische Disposition*, die auf vielerlei Weise mit den anderen Einflussfaktoren interagiert.

(3) Dazu gehören zunächst die *Umweltbedingungen* sowohl im Wohnumfeld als auch am Arbeitsplatz.

(4) Von maßgeblicher Bedeutung für den Gesundheitszustand ist ferner die *Lebensführung*: Tabakkonsum, Umgang mit Alkohol, Ernährungsweise, Sexualverhalten und Bereitschaft zu regelmäßiger körperlicher Bewegung.

(5) Am schwierigsten ist es für den Einfluss *originär sozialer Faktoren*, die Kausalverhältnisse zu bestimmen; klar ist jedoch, dass es Korrelationen zwischen Gesundheitszustand und bestimmten gesellschaftlichen Strukturen gibt. Dies betrifft zum einen die Einkommenssituation, die es etwa nicht erlaubt, zusätzliche Gesundheitsleistungen zu kaufen oder sich gesünder zu ernähren. Aber auch andere, eher »weiche« Faktoren wie das Ausmaß der Selbstbestimmung am Arbeitsplatz, die Erfahrung von Arbeitslosigkeit, Diskriminierung und sozialer Ausgrenzung sowie die Einbindung in ein soziales Netzwerk scheinen für den Gesundheitszustand wichtig zu sein. So sind psychosoziale Faktoren wie Stress für das Herzinfarktrisiko fast genauso bedeutsam wie das Rauchen.[72]

Umstritten ist, ob und inwieweit die gesellschaftliche Ungleichheit als solche gesundheitsrelevant ist.[73] Hier herrscht weder Einigkeit über den genauen Befund noch darüber, ob dieser Zusammenhang nicht auf einen gemeinsamen dritten Faktor zurückgeführt werden kann. Es gibt aber durchaus Indizien für die These, dass der Gesundheitszustand einer Population umso schlechter ist, je stärker die soziale Ungleichheit ausgeprägt ist. Dies könnte mit größeren Stressfaktoren in sehr inegalitären Gesellschaften erklärt werden, aber auch damit, dass in derartigen Gesellschaften der soziale Zusammenhalt geringer ist und die Pflege gesundheitsrelevanter öffentlicher Güter vernachlässigt wird. Sehr ungleiche Gesellschaften sind daher nicht nur ungerecht, sondern vielleicht auch ungesund.

Unabhängig davon, ob man den Sozialstatus anhand von Einkommen, Bildung oder beruflicher Stellung bestimmt, lässt sich nachweisen, dass die gesundheitsrelevanten Faktoren zu einem erheblichen Teil schichtenspezifisch ausgeprägt sind: Angehörige der unteren sozialen Schichten sind häufiger einer gesundheitlich belastenden Arbeitsumgebung ausgesetzt und leiden auch in ihrem Wohnumfeld häufiger unter Lärm und Luftverschmutzung; sie ernähren sich ungesünder, neigen stärker zu Nikotinkonsum und vernachlässigen die körperliche Bewegung; schließlich leiden sie sowohl in ihrem Privat- und Arbeitsleben als auch in der Öffentlichkeit an geringen Selbstbestimmungs- und Partizipationsmöglichkeiten.[74]

Nun liegt allerdings der Verdacht nahe, dass hier eine umgekehrte Kausalität besteht: Ein schlechter Gesundheitszustand und seine Folgen – wie der Verlust des Arbeitsplatzes – könnten dafür verantwortlich sein, dass man sich in unteren sozialen Schichten wiederfindet (»Krankheit macht arm«). Tatsächlich sind gesundheitliche Probleme eine wichtige Ursache für den sozialen Abstieg; nach den vorliegenden Untersuchungen kann diese Selektionshypothese jedoch nur einen kleinen Teil des Zusammenhangs von Sozialstatus und Gesundheitszustand erklären.

New Public Health und Public-Health-Ethik

Robert Virchow hat bereits Mitte des 19. Jahrhunderts betont, dass »die Medicin eine sociale Wissenschaft« ist.[75] Zur gleichen Zeit beobachtete Friedrich Engels, wie die gesundheitlichen Probleme der englischen Arbeiterklasse durch ihre Lebens- und Arbeitsbedingungen verursacht werden.[76] Dass der Gesundheitszustand der Bevölkerung maßgeblich von nichtmedizinischen, sozialen Faktoren abhängt, ist also keine neue, aber immer wieder gern vergessene und vielleicht sogar selbst von Ärzten verdrängte Einsicht: »Die Schwindsucht etwa wütet vorzugsweise unter den Armen, doch zöge man das in Rechnung, so müsste die Armut bekämpft werden, als besonders feuchter Fleck; wozu bürgerliche Heilkunde weniger Neigung zeigt.«[77]

Die sozialen Gesundheitsungleichheiten haben nun aber wieder an diese Zusammenhänge erinnert. Insbesondere die Wissenschaft von der öffentlichen Gesundheit (Public Health) – also von den Gesundheitsbedingungen, die das Gemeinwesen beeinflussen kann – hat dabei in den letzten Jahren eine charakteristische Entwicklung genommen: von den im engeren Sinne medizinischen Bedingungen und Handlungsoptionen über die individuellen Verhaltensrisiken hin zu den sozialen Gesundheitsdeterminanten. Dass letztere nun auch und gerade unter dem Gesichtspunkt der sozialen Gerechtigkeit thematisiert werden, hat die Protagonisten dieser Bewegung dazu veranlasst, von New Public Health zu sprechen.[78]

Auch in der Medizinethik wird zunehmend erkannt, dass die bislang vorherrschende Konzentration auf die Arzt-Patienten-Beziehung, auf spektakuläre neue medizinische Diagnose-, Behandlungs- und Forschungsmöglichkeiten sowie auf eine gerechte Verteilung der verfügbaren Ressourcen innerhalb des Versorgungssystems die wirkungsmächtigsten Gesundheitsfaktoren und deren distributive Folgen vernachlässigt. Eine nun zunehmend eingeforderte und entwickelte Public-Health-Ethik[79] analysiert die normativen Fragen einer Politik des Gesundheitsschutzes und der Gesundheitsförderung. Soweit sie auf Verteilungsfragen fokussiert ist, nimmt sie die sozialen Gesundheitsungleichheiten in den Blick und weitet auf diese Weise den Blick von »just health care« zu »just health«.[80]

Dabei ist es für die Protagonisten einer Public-Health-Politik selbstverständlich, dass die sozialen Gesundheitsungleichheiten ungerecht sind und abgebaut werden müssen.[81] Auch wenn man berücksichtigt, dass hier der eine oder andere seine gesellschaftspolitischen Vorstellungen, die sich bisher nicht durchgesetzt haben, nun über den wirkungsmächtigen Hebel der Gesundheit zu befördern versucht, läge die Annahme sozialstaatlicher Handlungspflichten nicht fern, wenn derartig massive Gesundheitsunterschiede eine unmittelbare Folge von sozialen Zugangsbarrieren zum System der Gesundheitsversorgung wären. Warum aber sollten wir eine soziale Spaltung der Gesellschaft hinsichtlich des zentralen Gutes der Gesundheit anders beurteilen, nur weil dafür andere Faktoren verantwortlich sind? Tatsächlich könnte man sich darüber wundern, dass der Abbau der Gesundheitsunterschiede nicht schon längst als vorrangige sozialpolitische Aufgabe betrachtet wird. Zwar sieht § 20 Abs. 1 S. 2 SGB V seit einigen Jahren immerhin vor, dass die Primärprävention der Krankenkassen nicht nur den allgemeinen Gesundheitszustand verbessern, sondern insbesondere einen Beitrag zur Verminderung sozial bedingter Ungleichheit von Gesundheitschancen erbringen soll. Man wird aber nicht behaupten können, dass die sozialen Gesundheitsungleichheiten als ein großes öffentliches Thema oder sogar als sozialpolitischer Skandal angesehen werden.

Ein Grund könnte sein, dass es Gesundheitsunterschiede gibt, die wir keineswegs als problematisch ansehen: Es beunruhigt uns nicht, wenn (einige wenige) Krankheiten – etwa bestimmte Allergien – häufiger in höheren sozialen Schichten auftreten. Und wen kümmert es schon, dass Frauen durchschnittlich mehrere Jahre länger leben als Männer? Wir mögen das bedauerlich finden und den Männern raten, besser auf sich Acht zu geben, aber wir haben es hier schwerlich mit einer Ungerechtigkeit zu tun: Weder die Bessergestellten noch die Männer sind Opfer einer gesellschaftlichen Benachteiligung. Es sind daher einfach *health inequalities*, nicht *health inequities*, Gesundheitsunterschiede, nicht Gesundheitsungerechtigkeiten.

Für unser Gerechtigkeitsurteil kommt es also darauf an, wie die Ungleichheiten zustande gekommen sind und wer oder was für sie verantwortlich ist. Sonst wüssten wir auch gar nicht, wie wir andere »vulnerable Gruppen« identifizieren sollten, deren Gesundheitsprobleme uns besonders am Herzen liegen. Davon geht auch die Formel aus, die in der Public-Health-Debatte lange Zeit prägend war: Gesundheitliche Ungleichheiten sind ungerecht, wenn sie nicht selbst verschuldet und vermeidbar sind.[82] Das ist plausibel, lässt aber die entscheidenden Fragen offen: Wann ist denn eine gesundheitliche Benachteiligung selbst verschuldet? Und in welchem Sinne müssen die Ungleichheiten vermeidbar sein? Das sind die Kernfragen des Gerechtigkeitsproblems.

2. »Selber schuld«? Grund und Grenzen der Eigenverantwortung

Individuelle Autonomie als Ordnungsprinzip

Es gehört zu den prägenden Merkmalen einer freiheitlichen Ordnung, dass Staat und Recht von dem Grundsatz der individuellen Autonomie ausgehen und den Bürgern die Verantwortung für die Konsequenzen ihrer freien Entscheidungen zuschreiben. Wie tief dieser Grundsatz verankert ist, erkennt man daran, dass selbst egalitaristisch gesonnene Theorien die Ansicht vertreten, eine gerechte Güterverteilung sei zwar *endowment-insensitive*, aber *ambition-sensitive*: Sie müsse die unverdienten Vor- und Nachteile ausgleichen, die sich aus den unterschiedlichen Startbedingungen ergeben, nicht aber die differenzierten Folgen der autonomen Entscheidungen.[83] Rechtliche Freiheit führt eben zu tatsächlicher Ungleichheit. Auf der Grundlage dieser Prämisse könnten gesundheitliche Auswirkungen und Unterschiede ignoriert werden, die sich aus der individuellen Lebensführung ergeben: Wenn einzelne

Bürger oder auch ganze Bevölkerungsschichten ihre Gesundheit durch ihr frei gewähltes Verhalten ruinieren, stellt das weder ein normatives Problem dar, noch begründet es politisch-kollektive Verantwortlichkeiten. Ebenso wäre es dann recht und billig, im Versorgungssystem die Bürger an Behandlungskosten zu beteiligen, zu deren Entstehung sie durch ihre ungesunde Lebensführung beigetragen haben.

Die »Ursachen der Ursachen«

Allerdings hat Eigenverantwortung, wenn es um Gesundheit geht, eine schlechte Presse.[84] Im Versorgungssystem liegt das schon daran, dass Eigenverantwortung als Priorisierungskriterium kaum zu operationalisieren ist: Wer kann schon mit Sicherheit sagen, dass der Herzinfarkt ohne die falsche Ernährung nicht eingetreten wäre?[85] Aber auch für die Apologeten einer an Grundsätzen der sozialen Gerechtigkeit ausgerichteten Public-Health-Politik ist es nicht zu akzeptieren, dass lebensführungsbezogene Gesundheitsfaktoren und -ungleichheiten ignoriert werden könnten oder gar müssten. Zwar betonen sie, der soziale Gesundheitsgradient sei nur zum Teil dem Verhalten in den verschiedenen sozialen Schichten zuzuschreiben.[86] Trotzdem verlöre die Politik ein Handlungsfeld mit erheblicher Bedeutung, dürfte sie sich um lebensführungsbedingte Gesundheitsungleichheiten nicht kümmern. An dieser Stelle maßgeblich auf das Prinzip der Eigenverantwortung zu setzen, liefe Gefahr, die Schuld an ihren Gesundheitsproblemen den schon Benachteiligten zuzuweisen (*»victim blaming«*) und den Sozialstaat aus seiner Verantwortung zu entlassen.

Man kann die Betonung der Eigenverantwortung zu Recht als Entsolidarisierung kritisieren, weil es viel zu einfach ist, die gesundheitsbezogene Lebensführung ausschließlich der individuellen Verantwortung zuzuschlagen. Skeptisch stimmt insoweit schon die Beobachtung, dass Lebensgewohnheiten außerordentlich änderungsresistent sind, wenn sie in Form von Ermahnungen und Aufklärungskampagnen angegangen werden; der bloße Appell an die Selbstverantwortung der Bürger führt nicht weit, wenn sich nicht auch die sozialen Rahmenbedingungen ändern. Die Fokussierung auf reine Verhaltensprävention dürfte die sozialen Gesundheitsungleichheiten sogar tendenziell vergrößern, weil vorrangig die Bessergebildeten bereits ein ausgeprägtes Gesundheitsbewusstsein entwickelt haben und dafür ansprechbar sind.

Individuelle Verhaltensweisen und Wahlentscheidungen sind zudem unterschiedlich stark von kulturellen und sozialen Randbedingungen geprägt. Während punktuelle gesundheitsriskante Entscheidungen – etwa zur Ausübung einer besonders unfallträchtigen Sportart – ohne Weiteres mitsamt ihren Konsequenzen der Eigenverantwortung zugeschrieben werden können, haben Lebensstile wie das Ernährungs- und Bewegungsverhalten eine sehr viel längere und kompliziertere Genese: Sie werden durch soziale und mediale Einflüsse verstärkt, weisen nicht selten Suchtcharakter auf und sind häufig bereits in der Kindheit angelegt.[87] Dies sollte uns zur Zurückhaltung mahnen, die Verantwortung für diese Verhaltensweisen und ihre Folgen allein dem Individuum zuzuschreiben. Es gibt hier offensichtlich »Ursachen der Ursachen«, die mit der Lebenswelt und damit auch mit dem Sozialstatus zusammenhängen: Wer in wirtschaftlich beengten Verhältnissen lebt, nur über begrenzte Bildungskompetenzen verfügt und wenig gesellschaftliche Anerkennung erfährt, hat es erheblich schwerer, gesund zu leben.

Trotzdem wird man die individuelle Verantwortung für das eigene (Gesundheits-)Verhalten in einer freiheitlichen Ordnung nicht ganz los; Freiheit und Verantwortung korrespondieren. Wie dann die Verantwortung zwischen Individuum und Gesellschaft verteilt wird, muss das Gemeinwesen immer wieder neu aushandeln. In der Gerechtigkeitstheorie ist dazu der pfiffige Vorschlag gemacht worden, relevante äußere Umstände und individuelle Verantwortlichkeit in der folgenden Weise auseinanderzurechnen[88]: Wenn 60-jährige Stahlarbeiter mit geringer Schulbildung, Migrationshintergrund und tabakkonsumierenden Eltern durchschnittlich über 30 Jahre eine Schachtel Zigaretten pro Tag geraucht haben, so ist es dem einzelnen Angehörigen dieser Gruppe dieses Verhalten nicht vorzuwerfen. Anders wäre dies bei dem 60-jährigen gutverdienenden Rechtsanwalt, dessen Elternhaus bereits auf seine Gesundheit geachtet hat. Nun hat dieser Ansatz viele Unschärfen und ist gewiss nicht unmittelbar anwendbar, aber er zeigt doch in die richtige Richtung: Wir schreiben uns unvermeidlicherweise gegenseitig Verantwortung zu, können das aber fairerweise nicht ohne Berücksichtigung der Lebensverhältnisse tun – und diese sind eben unterschiedlich.

Daraus ergeben sich zwei Schlussfolgerungen. Zum einen: Wenn die verhaltensbedingten sozialen Gesundheitsunterschiede nicht der Wahlfreiheit der Betroffenen unterliegen, sondern maßgeblich von den jeweiligen Lebensumständen mitverursacht werden – und die empirische Evidenz dafür ist überwältigend –, kann keine Rede davon sein, dass sie den Sozialstaat nichts angehen. Nur wäre es dann auch vernünftig, nicht moralisierend und zudem weithin wirkungslos auf die Betroffenen einzureden, sondern an diesen Verhältnissen etwas zu ändern.[89] Zum anderen: Es ist nicht grundsätzlich sachfremd, die Bürger an den Kosten der Krankheiten zu beteiligen, deren Eintritt sie (mit-)verschuldet haben. Dies setzt allerdings voraus, dass das Gemeinwesen zuvor erhebliche Anstrengungen unternommen hat, die Verantwortungsübernahme für die eigene Gesundheit im Sinne eines *Empowerment* überhaupt zu ermöglichen. Unfair wäre es, auch denjenigen Bürgern die Folgekosten ihrer Krankheit aufzuerlegen, die aufgrund von Bildungsdefiziten und ungünstigen Umständen keine realistische Chance hatten, gesünder zu leben.

Selbst wenn man die prägende Kraft der Lebensverhältnisse anerkennt, bleibt ein Spannungsverhältnis zwischen dem Grundsatz der individuellen Autonomie und einer Public-Health-Politik, die auch die gesundheitsbezogene Lebensführung in den Blick nimmt. Menschen von ihren ungesunden Angewohnheiten abbringen zu wollen, hat immer einen unangenehmen edukatorischen und paternalistischen Zug – selbst wenn die Betroffenen letztlich froh darüber sind, dann gesünder zu leben. Für den freiheitlichen Rechtsstaat ist es besonders heikel, in die private Lebensführung einzugreifen, weil ihn diese an sich nichts angeht: Die Bürger in ihrem eigenen Interesse zu einem gesünderen Leben zu drängen, zu erziehen oder gar zu zwingen, kollidiert mit dem Grundsatz, dass der freiheitliche Staat zur Neutralität gegenüber den unterschiedlichen Lebensformen und -entscheidungen verpflichtet ist.[90] Er darf regulierend eingreifen, wenn die Interessen Dritter oder der Allgemeinheit betroffen sind; eine darüber hinausgehende Bewertungskompetenz besitzt er aber nicht. Eine perfektionistische oder paternalistische Politik ist ihm daher grundsätzlich versagt.

Dass dieser Grundsatz auch das Verfassungsrecht prägt, wird dadurch belegt, dass sich das Bundesverfassungsgericht veranlasst gesehen hat, zur Rechtfertigung der gesetzlichen Rauchverbote in Gaststätten zu betonen: »Die Raucher werden hierbei nicht in unzulässiger Weise bevormundet, ihnen wird insbesondere kein Schutz vor Selbstgefährdung aufgedrängt. Die Landesnichtraucherschutzgesetze zielen weder auf Suchtprävention noch auf den Schutz des Einzelnen vor sich selbst. Ihr Ziel ist vielmehr der Schutz vor den Gefahren des Passivrauchens. Es geht um den Schutz der Gesundheit nicht des Rauchers, sondern der Gesundheit der anderen Personen, die in der jeweiligen Situation nicht selbst rauchen«.[91] Trotzdem liegt es natürlich auf der Hand, dass es diesen Maßnahmen – freie Entscheidung hin oder her – auch um das gesundheitspolitische Ziel geht, die Anzahl der Raucher zu reduzieren. Zum einen könnte der Nichtraucherschutz allein derart weitgehende und flächendeckende Verbote nicht rechtfertigen, wie das Gericht sie für zulässig hält. Ginge es tatsächlich nur um den »Schutz der Gesundheit der anderen Personen, die in der jeweiligen Situation nicht selbst rauchen«, wäre es sehr viel naheliegender, zur Vermeidung nichtrauchfreier Orte aufzufordern. Zum anderen fügen sich die Nichtraucherschutzgesetze in ein Ensemble von Maßnahmen, die das Rauchen als solches bekämpfen; es ist daher mehr als unwahrscheinlich, dass diesen Gesetzen jeder präventionspolitische Impetus fehlt. Selbst innerhalb des Verfassungsgerichts war daher umstritten, ob mit der Billigung eines strikten Rauchverbots nicht »ein Weg edukatorischer Bevormundung vorgezeichnet (wird), der sich auf weitere Bereiche ausdehnen könnte und dann erstickend wirkt«.[92] Das Verbot einer paternalistischen Politik scheint daher entweder der Gesundheitspolitik die Hände zu binden oder zur Heuchelei zu zwingen.

Redlicher dürfte es daher sein, sich den paternalistischen Zug der Gesundheitsförderungspolitik offen einzugestehen und nach deren Grenzen zu fragen. Richtig bleibt: Wer sich bewusst für einen ungesunden Lebensstil oder – wie etwa Extremsportler – die Inkaufnahme von Gesundheitsrisiken entscheidet, muss sich in einem freiheitlichen Gemeinwesen nicht daran hindern lassen; es gibt hier weder objektive Maßstäbe für das richtige Leben noch eine Gesunderhaltungspflicht. Solche Fälle einer kühl kalkulierten Inkaufnahme von hohen Gesundheitsrisiken werden aber nicht allzu häufig sein. Daher ist sehr viel weniger klar, ob eine Präventions- und Gesundheitsförderungspolitik, die nicht in Form von Ge- und Verboten, sondern als Information, Beratung, Ermunterung und gesundheitsdienliche Ausgestaltung der Lebenswelten erfolgt[93], von vornherein des Teufels ist. Die – durchaus heterogenen – Gegenbewegungen haben sich allerdings schon gebildet: eine liberalistische Sicht, der jede Beschäftigung der Politik mit der Lebensführung der Bürger unheimlich ist;[94] eine biopolitische Perspektive, die in der Präventionspolitik nur ein neues Instrument der Sozialdisziplinierung mit dunklen »sozialhygienischen« Wurzeln zu sehen vermag;[95] schließlich ein feuilletonistischer Furor, der uns auf dem Weg in eine repressive und freudlose Gesundheitsdiktatur eines Präventions- und Tugendstaats sieht.[96]

Vielleicht lässt die massive soziale Ungleichheit, die auch das Gesundheitsverhalten kennzeichnet, diese Diskussion in einem etwas anderen Licht erscheinen. So richten etwa Tabakkonzerne ihre Werbekampagnen schwerpunktmäßig auf die unteren Bevölkerungsschichten aus, bei denen wenig Widerstandspotenzial gegen die Einflüsterungen der Reklame zu erwarten ist. Die Produzenten von Fast Food und Süßigkeiten konzentrieren sich auf Kinder und Jugendliche, die für diese Ansprache umso empfänglicher sind, je weniger ihr familiäres und soziales Umfeld für eine vernünftige Ernährung zu sorgen versteht.[97] Hier werden Autonomiedefizite und prekäre Lebensverhältnisse ausgenutzt. Diese schichtenspezifischen Auswirkungen legen die Frage nahe, ob der Sozialstaat nicht mit Recht ein gewisses Gegengewicht setzen darf, indem er in den Schulkantinen nicht die beworbenen Süßwaren, sondern das Obst auf Augenhöhe platziert, sowie generell die Werbung für bestimmte Produkte reguliert.[98] Warum sollte sich unser Gemeinwesen zum Schutz der Schwächsten nicht bestimmte Beschränkungen auferlegen? Die Einsicht in die soziale und kulturelle Bedingtheit individuellen Verhaltens gibt zwar kein Recht, dieses Verhalten zu verbieten, sehr wohl aber den Auftrag, gesundheitszuträgliche Entscheidungen zu erleichtern.[99] Wann diese Pflege in Gängelei umschlägt, können wir diskutieren und demokratisch entscheiden.

3. Sind soziale Gesundheitsungleichheiten ungerecht?

Soziale Gerechtigkeit als Bewertungsmaßstab?

Soziale Gesundheitsungleichheiten sind nur zum Teil verhaltensbedingt, und auf dieses Verhalten wiederum haben die schichtenspezifischen Lebensumstände einen erheblichen Einfluss. Der Sozialstatus schlägt auf vielfältige Weise auf die Gesundheit durch: Auf teils bekannten, teils verschlungenen Wegen produzieren Statusunterschiede gesundheitliche Differenzierungen.[100] Wenn aber freiheitliche Gesellschaften zwangsläufig ungleich sind, könnte die Verschiedenheit von Gesundheit lediglich eine vielleicht beklagenswerte, aber unvermeidliche Nebenwirkung der sozialen Ordnung darstellen. Angesprochen ist damit das Verhältnis von allgemeiner gesellschaftlicher Ungleichheit und Gesundheitsungleichheiten: Sind diese Gesundheitsungleichheiten nur ungerecht, soweit die sie verursachenden sozialen Ungleichheiten ungerecht sind? Oder weisen umgekehrt die Gesundheitsungleichheiten von sich aus darauf hin, dass unsere Gesellschaft zu ungleich ist und um mehr Egalität bemüht sein müsste?

Hinge die Bewertung der Gesundheitsungleichheiten ganz und gar von der allgemeinen sozialen Gerechtigkeit ab, hätte dies den erheblichen Nachteil, dass wir ein Feld betreten müssten, auf dem völlige Konfusion herrscht: Es gibt weder philosophisch noch politisch eine allgemein anerkannte Auffassung der sozialen Gerechtigkeit. So könnte man etwa an den prominentesten philosophischen Ansatz anknüpfen, das Differenzprinzip von John Rawls, nach dem Ungleichheiten nur gerechtfertigt sind, wenn sie letztlich den am schlechtesten Gestellten zugute kommen.[101] Falls nun soziale Ungleichheiten ein maßgebliches Grundgut, nämlich die Gesundheit, erheblich beeinflussen, könnte das ein Grund sein, diese Ungleichheiten noch stärker einzuebnen, als es Rawls vorschwebte.[102] Aber natürlich ist auch das Differenzprinzip in vielerlei Hinsicht umstritten; ob der Sozialstaat zur Herstellung von (mehr) Gleichheit oder »nur« zur Sicherung eines gewissen Mindeststandards für jedermann verpflichtet ist, lässt sich diskutieren.[103] Dabei spricht der vermutete Zusammenhang von sozialer Ungleichheit und Erkrankungsrisiken übrigens dafür, dass es nicht nur auf den Mindeststandard, sondern auch auf die Verteilung als solche ankommen sollte.

Beistand für die Wettbewerbsverlierer

Vielleicht hilft hier eine Erwägung auf mittlerer Ebene weiter, die den Grundsatzstreit über die Prinzipien der sozialen Gerechtigkeit unterläuft. Selbst die kompromisslosesten Verfechter einer reinen Marktgesellschaft, die massive soziale Ungleichheiten als gerechtfertigt ansehen, müssen zur Kenntnis nehmen, dass, wie oben beschrieben, soziale Ungleichheiten zu erheblichen gesundheitlichen Benachteiligungen führen. Auf verwickelte Weise scheinen Statusnachteile und die mit ihnen verbundene geringere soziale Anerkennung generell gesundheitlich relevant zu sein.[104]

Nun kann kein Gemeinwesen Statusunterschiede ganz vermeiden. Dies zeigt schon die Existenz von Positionsgütern, die aus der Natur der Sache heraus nicht gleich verteilt werden können, weil hier gesellschaftliche Knappheit herrscht: Nicht jeder kann Bundeskanzler sein, ein Unternehmen leiten oder am Seeufer wohnen.[105] Und wenn diese Unterschiede gesundheitliche Auswirkungen haben, wird es immer Personen geben, die gesundheitlich benachteiligt sind, weil sie in dem Wettbewerb um diese Positionsgüter den Kürzeren ziehen. Sie sind sozusagen die gesundheitlichen Freiheits- und Wettbewerbsverlierer – und dies gilt selbst dann, wenn es an der Fairness dieses Wettbewerbs nichts auszusetzen gibt. In diesem Sinne produziert jede halbwegs differenzierte Gesellschaft unweigerlich relative Deprivation und ungleiche Gesundheitschancen, wie wohlhabend und gerecht auch immer sie sein mag.

Diese leicht melancholische Betrachtung der »politischen Ökonomie der Frustration«[106] und des Phänomens gesundheitlicher Ungleichheit legt nun nicht Resignation und Nichtstun nahe, sondern eine sozialstaatliche Verpflichtung: Auch wenn jedes Gemeinwesen Ungleichheiten und mit ihnen einhergehende gesundheitliche Unterschiede hervorbringt, sollten wir versuchen, diese Nebenwirkungen so gering wie möglich zu halten. Eindeutige Ungerechtigkeiten – wie Diskriminierung und Ausbeutung, deren Gesundheitsschädlichkeit gut nachgewiesen ist – verstärken diese Verpflichtung, aber selbst in einer idealen gerechten Gesellschaft wird es Statusunterschiede und damit auch ungleiche Gesundheitschancen geben, die wir als unbeabsichtigte, aber vorhersehbare Folge der gesellschaftlichen Organisation nicht einfach auf sich beruhen lassen dürfen. Man kann daher die Frage, wie gerecht oder ungerecht unsere Gesellschaft ist, im Grundsätzlichen offenlassen, um trotzdem zu dem Ergebnis zu gelangen, dass wir gegen gesundheitliche Benachteiligungen etwas tun sollten. Dabei werden wir nie gleiche Gesundheitschancen gewährleisten können, aber die erheblich schlechteren Aussichten am unteren Ende der Gesellschaft geben uns einen eigenständigen Grund, den – unvermeidlichen – Verlierern der sozialen Organisation beizustehen. Und soweit wir den Verdacht haben, dass ihre gesundheitliche Situation umso prekärer wird, je ungleicher die Gesellschaft ist, spricht dies insbesondere dafür, die sozialen Unterschiede nicht zu groß werden zu lassen. Jedenfalls stellen die massiven Gesundheitsunterschiede, die ganze soziale Schichten weit von der durchschnittlichen Lebenserwartung abhängen, bereits aus sich heraus eine Herausforderung für den Sozialstaat dar.

IV. Vorsorgen und Versorgen

1. Gesundheits- als Gesellschaftspolitik

Als sinnfälliger Ausdruck einer konservativen Gesellschafts- und Sozialpolitik gilt – was immer sie damit wirklich gemeint hat – Margaret Thatchers Bonmot aus den 80er Jahren: »There is no such thing as society. There are individual men and women, and there are families.« Die Ergebnisse der Public-Health-Forschung zeigen, dass diese Behauptung in einem sozialtheoretischen Sinne grundlegend falsch ist: Selbst ein höchstpersönliches Gut wie die Gesundheit und deren Verteilung sind in erstaunlichem Ausmaß von gesellschaftlichen Strukturen abhängig – auch dann, wenn die Gesundheitsversorgung für jedermann sichergestellt ist. Diese Strukturen sind eine äußerst wirkmächtige Größe, deren gesundheitlichen Folgen sich die »individual men and women« nicht entziehen können. Die sozialen Gesundheitsdeterminanten erinnern uns daran, dass niemand eine Insel und eine rein medizinisch und individualistisch ansetzende Gesundheitspolitik auf dem Holzweg ist.

Daraus ergeben sich zwei Konsequenzen. Zum einen ist es nicht zielführend, Gesundheitspolitik als ein isoliertes Politikfeld zu verstehen, auf dem es nur um das Versorgungssystem geht. Diese explizite Gesundheitspolitik könnte für den gesundheitlichen Zustand der Bevölkerung, aber auch für die soziale Verteilung der Gesundheit viel weniger bedeutsam sein als eine implizite Gesundheitspolitik, die sich in anderen Politikbereichen um die sozialen Gesundheitsdeterminanten kümmert[107]: Die Vorstellung, soziale Gesundheitsungleichheiten könnten medizinisch »wegbehandelt« werden, ist abwegig. Eine rationale Gesundheitspolitik müsste daher integrativ und holistisch angelegt sein und – wie die Europäische Union das nennt – »health in all policies« berücksichtigen.[108] In diesem Zusammenhang ist darauf hinzuweisen, dass der berühmt-berüchtigte weite Gesundheitsbegriff in der Verfassung der Weltgesundheitsorganisation (WHO), der Gesundheit als einen »Zustand vollkommenen körperlichen, geistigen und sozialen Wohlbefindens und nicht allein das Fehlen von Krankheit und Gebrechen« definiert, im Kontext dieses umfassenden Verständnisses von Gesundheit und ihren Determinanten steht.[109] Betont werden soll ja gerade, dass Gesundheit primär von sozialen Faktoren und nicht nur von der medizinischen Versorgung abhängt. Nun mag man trotzdem der Ansicht sein, diese Definition leide darunter, dass sie – beim Wort genommen – nahezu jedes soziale Problem als eines der Gesundheit und der Gesundheitspolitik auffassen muss. Unfair ist es aber, sie unter Hinweis auf ihre absurden Konsequenzen für das System der medizinischen Versorgung zu kritisieren: Denn diesen Zusammenhang will sie gerade überschreiten.

Wenn die sozialstrukturellen Verhältnisse Auswirkungen auf die Gesundheit haben, ergeben sich zum anderen daraus erweiterte Handlungsmöglichkeiten für den Sozialstaat. Niemand wird sich für einen Steinzeitkommunismus begeistern wollen, in dem es allen gleich schlecht geht; die Herstellung von Gleichheit durch ein *levelling down* war noch nie ein Gebot der Gerechtigkeit.[110] Wenn man aber weiß, wie wichtig Bildung für die Gesundheit ist und dass Arbeitslosigkeit krank macht, sieht man die Bildungs- und Arbeitsmarktpolitik in einem anderen Licht. So lassen sich die gesundheitlichen Auswirkungen einer als ungerecht empfundenen Bezahlung von Arbeit auf die Gesundheit experimentell und statistisch nachweisen[111]: Sollte diese Einsicht in gesundheitsschädliche »Gratifikationskrisen« bei der Diskussion über Mindestlöhne und Arbeitsbedingungen nicht eine Rolle spielen?

Die sozialepidemiologischen Erkenntnisse unterfüttern die Auffassung des *common sense*, gravierende soziale Ungleichheiten seien dem Gesundheitszustand – von einer ausgeglichenen Gesundheitsverteilung ganz zu schweigen – nicht zuträglich. Auch wenn wir die genauen Zusammenhänge zwischen Sozialstruktur und Gesundheit nicht immer ganz genau kennen, ist dies kein grundsätzliches Hindernis: Politik ist meistens Handeln unter Unsicherheit; dies erkennt auch das Bundesverfassungsgericht an, wenn es dem Gesetzgeber für den Schutz hochrangiger Rechtsgüter, zu denen Leben und Gesundheit gewiss gehören, einen Einschätzungs- und Prognosespielraum einräumt. Der begründete Verdacht, der Sozialstatus sei gesundheitsrelevant, legitimiert eine Politik, die den Zusammenhalt der Gesellschaft und ihr »Sozialkapital« zu stärken[112] und die sozialen Ungleichheiten zu begrenzen versucht.

2. »Vorbeugen ist besser als heilen«?

Von den Public-Health-Protagonisten wird vielfach beklagt, dass Krankheitsprävention und Gesundheitsförderung viel weniger Aufmerksamkeit und Ressourcen erhalten als die medizinische Versorgung. Auch wenn man den dabei genannten Zahlen schon deshalb mit Vorsicht begegnen muss, weil Prävention im Sinne von New Public Health nicht auf Vorsorgeuntersuchungen und Rückenschulen verengt werden darf, sondern die gesamte Organisation des sozialen Zusammenlebens umfasst[113], ist diese Klage im Kern verständlich. Warum machen wir politisch so wenig aus der Volksweisheit, Vorbeugen sei besser als Heilen? Und – bezogen auf die soziale Gesundheitsgerechtigkeit – warum interessieren die politische Öffentlichkeit selbst marginale Zugangsunterschiede im Versorgungssystem so viel mehr als die massiven sozialen Gesundheitsungleichheiten?

Dass Public Health einen schweren Stand hat, dürfte zunächst an einigen deutschen Eigentümlichkeiten liegen. Nach dem Nationalsozialismus war »Volksgesundheit« lange Zeit kein Thema; die Gesundheitspolitik der Nachkriegszeit war ganz auf das System der medizinischen Individualversorgung mit der zentralen Stellung der niedergelassenen Ärzte fokussiert. Zudem erschwert die föderale und sektorale Zersplitterung des deutschen Gesundheitssystems populationsbezogene Maßnahmen, wie die Diskussion um den Nichtraucherschutz und das Scheitern der Bemühungen um ein Präventionsgesetz zeigen. So finden wir nun eine Vielzahl von Präventionsprojekten unterschiedlichster Träger, aber kein übergreifendes politisches Konzept.[114]

Ferner ist es für die Public-Health-Politik schwierig, die Wirksamkeit und Qualität ihrer Maßnahmen nachzuweisen.[115] Zwar sind die Korrelationen von Sozialstatus und Gesundheit gut belegt; welche Kausalitäten jeweils zugrunde liegen, an denen die Politik ansetzen könnte, ist aber häufig sehr viel weniger deutlich. Zudem liegen die Effekte der Präventionspolitik oft in weiter Zukunft: Ob etwa eine Verbesserung der Vorschulbildung zu einer Erhöhung der Lebenserwartung führt, weiß man erst Jahrzehnte später. Dies wirkt sich auch auf die Finanzierungsbereitschaft aus.[116] Dabei ist die verbreitete Ansicht, Prävention könne oder solle Geld sparen, aus mehreren Gründen fragwürdig.[117] Zum einen gilt es, das für unterschiedliche Präventionsansätze entschieden zu differenzieren. Manche Maßnahmen mögen die Ausgaben im Versorgungssystem oder in anderen Bereichen tatsächlich reduzieren[118], andere führen nur dazu, dass sich Kosten in die Zukunft verlagern. Generalisierende Aussagen sind deshalb sinnlos. Zum anderen ist es das falsche Beurteilungskriterium: Dass Ressourcen eingespart werden, verlangen wir ja auch nicht von einer Blinddarmoperation – warum dann von Präventionsmaßnahmen? Es kommt nicht auf die Einsparungen an, sondern auf die Effizienz dieser Maßnahmen, also auf ein vernünftiges Verhältnis von Kosten und Nutzen. Hinzu kommt das Grundproblem der ökonomischen Evaluation: Wir können vielleicht noch die Zahlungsbereitschaft für Gesundheitsgewinne feststellen, sind aber ziemlich hilflos, wenn auch die Verringerung der sozialen Ungleichheit von Gesundheit, um die es der Public-Health-Politik maßgeblich geht oder zumindest gehen sollte, monetär bewertet werden soll.

Schließlich hat Public Health ein politisches Wahrnehmungs- und Durchsetzungsproblem. Anders als im Versorgungssystem existiert hier keine Lobby, für die die Ausweitung der zur Verfügung stehenden Ressourcen oberste Priorität besitzt; auch fehlt Public Health die technische Faszination der Hochleistungsmedizin. Aufgrund ihres Populationsbezugs ist zudem die Motivation der einzelnen Bürger, sich für Public-Health-Maßnahmen einzusetzen, nicht besonders ausgeprägt. Während Leistungen der Gesundheitsversorgung einen klaren Individualbezug haben und deshalb das Interesse der Bürger auf sich ziehen, schlägt hier das »Präventionsparadox« durch: Auf statistischer Ebene haben schon kleine Veränderungen des Verhaltens oder der Umwelt deutliche Auswirkungen auf die Gesundheit der Bevölkerung; auf individueller Ebene bringen sie dagegen dem einzelnen nur einen geringfügigen Vorteil.[119] Public-Health-Politik hat daher immer eine etwas expertokratische Anmutung; es fehlt ihr der Charakter der mildtätigen Zuwendung: Der Arzt hilft dem Notleidenden, der Public-Health-Experte organisiert gesundheitsförderliche Verhältnisse. Es ist vielleicht kein Zufall, dass Public-Health-Maßnahmen maßgeblich von Institutionen wie der WHO mit der berühmten »Ottawa-Charta zur Gesundheitsförderung« von 1986 und dem »Social Determinants of Health«-Projekt[120] sowie der Europäischen Union mit ihren Aktionsprogrammen[121] angestoßen und eingefordert werden, denen man ein technokratisches Politikverständnis nachsagt und deren gesundheitspolitische Ausrichtung schon mangels entsprechender Regelungskompetenzen nicht durch die Verteilungskämpfe im System der medizinischen Versorgung bestimmt wird.

Dabei behält die medizinische Versorgung ihre große sachliche und symbolische Bedeutung. Niemand will dem einzelnen Patienten eine Behandlung verweigern, weil mit dem gleichen Aufwand in der Krankheitsprävention und Gesundheitsförderung mehr gesundheitlicher Nutzen gestiftet werden könnte: Selbst wenn das im Einzelfall stimmen sollte, hat die konkrete Hilfe größere Dringlichkeit als die Rettung statistischer Leben. Auf einer höheren Entscheidungsebene, wo es noch nicht um konkrete Personen, sondern um die Ressourcenzuweisung an die verschiedenen Politikbereiche geht, sollten wir aber wohl noch einmal überlegen, wie weit wir die Privilegierung der Versorgung gegenüber der Vorsorge treiben wollen: Denn am Ende sind die statistischen Leben sehr konkrete Menschen.[122]

Diese Zusammenhänge sollte auch das Recht berücksichtigen und nicht durch die verfassungsrechtliche Verfestigung von Leistungsansprüchen das Versorgungssystem zu Lasten anderer gesundheitsrelevanter Politikbereiche unnötig aufblähen. Solange (ehemalige) Bundesverfassungsrichter wie selbstverständlich davon ausgehen, dass »der Arzt (…) der wichtigste Garant für die Volksgesundheit« ist[123], liegt allerdings die Folgerung nahe, die medizinische Behandlung sollte absolute Priorität genießen. Nur hat diese Prämisse mit der Wirklichkeit wenig zu tun. Der Arzt ist mitnichten der wichtigste Garant für die Gesundheit der Bevölkerung, sondern in dem komplexen Gefüge von Sozialstruktur, Umweltbedingungen, Lebensführung, genetischer Disposition und medizinischer Versorgung eine eher marginale Größe: ein Rettungsschwimmer am Fluss, der (manchmal) ein Menschenleben rettet, wobei es doch darauf ankäme, die morsche Brücke zu reparieren, die überhaupt erst so viele Menschen in den Fluss hineinfallen lässt.[124] Aus juristischer Sicht ist es daher wichtig, dem Gesetzgeber bei der gesundheitsförderlichen Ausgestaltung der Lebenswelten hinreichenden Gestaltungsspielraum zuzugestehen.[125] Insbesondere die sozialen

Gesundheitsungleichheiten lassen sich nur durch die Pflege öffentlicher Güter nachhaltig verringern. Insoweit ordnet sich die Public-Health-Politik in die Entwicklung zu einem nicht (nur) versorgenden, sondern (auch) vorsorgenden und investiven Sozialstaat ein[126], die die Bedeutung individueller sozialer Leistungsansprüche unweigerlich relativiert.

3. Public Health, Priorisierung und soziale Gerechtigkeit

Die Vertreter einer Public-Health-Politik, die auf eine Verringerung der Gesundheitsungleichheiten ausgerichtet ist, wenden sich allerdings häufig besonders entschieden gegen Leistungsbeschränkungen im Versorgungssystem. Dies ist auf der einen Seite nachvollziehbar, weil durch solche Beschränkungen tatsächlich ein Selektionseffekt zu Lasten der schlechten gesundheitlichen Risiken und der wirtschaftlich Schwachen eintreten kann. Da sie aber ohnehin die Benachteiligten sind, ist es politisch durchaus plausibel, alle Veränderungen im System der Gesundheitsversorgung abzulehnen, die diese Gruppen zusätzlich belasten und dadurch den Zusammenhang von sozioökonomischem Status und Krankheit zu verstärken drohen.

Auf der anderen Seite zeigen die Ergebnisse der sozialepidemiologischen Forschung, dass das System der Gesundheitsversorgung nur in sehr begrenztem Ausmaß für den sozialen Gesundheitsgradienten verantwortlich ist und daher auch gewiss nicht den primären Ansatzpunkt bilden kann, wenn man diesen Zusammenhang auflösen oder zumindest abmildern will. Der Zugang zur medizinischen Versorgung ist zur Gewährleistung von Chancengerechtigkeit notwendig[127], aber sicherlich nicht hinreichend. Im Gegenteil könnte uns die Weigerung, über Leistungsbeschränkungen nachzudenken, zu Investitionen in die medizinische Versorgung zwingen, die gerade unter dem Aspekt der Gesundheitsgerechtigkeit sehr viel ineffizienter sind, als wenn diese Ressourcen für andere Politikbereiche – etwa das Bildungswesen – zur Verfügung ständen. Gewiss darf man Vorsorge und Versorgung nicht gegeneinander ausspielen[128] – wir brauchen auch und gerade aus Gründen der Gerechtigkeit selbstverständlich beides.[129] Aber da die Mittel nun einmal begrenzt sind, ist ein Vergleich des Grenznutzens von Maßnahmen inner- und außerhalb des Gesundheitswesens unausweichlich. Eine wohlmeinende Sozialpolitik, die diesen Vergleich und eine Berücksichtigung der Opportunitätskosten der medizinischen Versorgung scheut, weil sie sich ausschließlich auf die Gesundheitsversorgung als den Politikbereich mit offensichtlichster Gesundheitsrelevanz kapriziert, könnte auf diese Weise ihre eigenen Bemühungen um Gesundheitsgerechtigkeit konterkarieren. Hier schließt sich somit der Kreis: Auch aus diesem Grunde ist das Nachdenken über Priorisierung im Versorgungssystem nicht trotz, sondern gerade wegen der sozialen Gesundheitsgerechtigkeit geboten.

Danksagung

Dieses Buch führt Überlegungen zusammen, die in den letzten Jahren in mehreren interdisziplinären Projekten zur Gesundheitsversorgung entstanden sind. Von den beteiligten Kolleginnen und Kollegen habe ich viel gelernt und danke ihnen für ihre stete Diskussionsbereitschaft, insbesondere Alena Buyx, Hartmut Kliemt, Weyma Lübbe, Georg Marckmann, Heiner Raspe, Bettina Schöne-Seifert, Daniel Strech und Jürgen Wasem. Dass daneben auch Public Health normative Fragen aufwirft, habe ich erstmals 2007 während eines Aufenthalts am Kennedy Institute of Ethics an der Georgetown-University in Washington, DC feststellen dürfen, für den ich – neben der Deutschen Forschungsgemeinschaft für ihre finanzielle Unterstützung – Hans-Martin Sass zu Dank verpflichtet bin. Siegfried Geyer, Andreas Mielck, Michael Quante, Oliver Rauprich, Ralf Rosenbrock und Johannes Siegrist haben mich in Gesprächen und Workshops großzügig an ihren Kompetenzen zu diesem Thema teilhaben lassen.

Entstanden ist der Text während meines Fellowship 2010/11 am Wissenschaftskolleg zu Berlin; diese Institution war dem Projekt äußerst förderlich. Dies gilt auch für die ebenso kompetente wie fordernde und charmante Weise, in der Susanne Schüssler und ihre Mitarbeiterinnen und Mitarbeiter im Wagenbach-Verlag mich und den Text betreut haben. Für ergänzende sprachliche Hinweise danke ich schließlich Lars-Olav Beier und vor allem Werner Haunhorst.

Anmerkungen

1 Ausgeklammert bleibt hier das Thema der globalen Gesundheitsgerechtigkeit, das eigene Fragen aufwirft; vgl. dazu nur die Überlegungen bei Thomas Pogge u. a. (Hrsg.), *Incentives for Global Public Health: Patent Law and Access to Essential Medicines*, 2010; Aidan Hollis/Thomas Pogge, *The Health Impact Fund: Making New Medicines Accessible for All*, 2008.

2 Vgl. Karl Lauterbach, *Der Zweiklassenstaat. Wie die Privilegierten Deutschland ruinieren*, 2007.

3 Genauer gesagt: Diese Differenzierungen werden nur dann als problematisch angesehen, wenn sie gesundheitliche Konsequenzen haben; zur »Zwei-Klassen-Ernährung« unter diesem Aspekt vgl. Thilo Bode, *Abgespeist. Wie wir beim Essen betrogen werden und was wir dagegen tun können*, 2007, S. 177 ff.

4 Entscheidungen des Bundesverfassungsgerichts (BVerfGE), Bd. 125, S. 170 (222 f.).

5 Sehr viel plausibler zuvor BVerfGE 120, 125 (155 f.), wo die »Aufwendungen für die Kranken- und Pflegeversorgung, insbesondere entsprechende Versicherungsbeiträge« als Bestandteil des Existenzminimums bezeichnet werden.

6 Dass eine staatliche oder öffentliche Verantwortung für Gesundheit und Gesundheitsversorgung besteht, sollte nicht zu der Behauptung verführen, dabei handle es sich um »öffentliche Güter«: Das sind sie nämlich im Allgemeinen sicherlich nicht. Gesundheit und Gesundheitsversorgung sind weder nicht rivalisierend noch nicht exklusiv: A kann gesund und gut versorgt, sein Nachbar B gleichzeitig krank und unterversorgt sein. Falsche Bezeichnungen bringen hier keinen moralischen Mehrwert.

7 Vgl. zuletzt Hans Michael Heinig, *Der Sozialstaat im Dienst der Freiheit*, 2008.

8 Vgl. dazu die Beiträge in Nadia Mazouz u. a. (Hrsg.), *Krankheitsbegriff und Mittelverteilung*, 2004.

9 Vgl. Kirchenamt der Evangelischen Kirche in Deutschland (Hrsg.), *Das Prinzip der Solidarität steht auf dem Spiel. Eine Orientierungshilfe des Rates der Evangelischen Kirche in Deutschland zu den aktuellen Herausforderungen im Gesundheitswesen*, 2010.

10 Dazu grundlegend Norman Daniels, *Just Health Care*, 1985, S. 36 ff.

11 Zur Knappheit als Anwendungsbedingung der Gerechtigkeit vgl. grundlegend David Hume, *Eine Untersuchung über die Prinzipien der Moral* (orig. 1777), hrsg. v. Gerhard Streminger, 1984, S. 101 ff. Um Missverständnisse zu vermeiden: »Knappheit« hat hier

nichts mit Armut und Verelendung zu tun, sondern bedeutet lediglich, dass Bedarf und Nachfrage größer sind als das Angebot, das wir zu finanzieren bereit sind.

12 Viktor R. Fuchs, ›The »Rationing« of Medical Care‹, in: *New England Journal of Medicine* 311 (1984).

13 Vgl. Zentrale Ethikkommission bei der Bundesärztekammer (ZEKO), *Priorisierung medizinischer Leistungen im System der Gesetzlichen Krankenversicherung (GKV)*, 2007; Deutscher Ethikrat, *Nutzen und Kosten im Gesundheitswesen – Zur normativen Funktion ihrer Bewertung. Stellungnahme*, 2011. Zur Arbeit der DFG-Forschergruppe »Priorisierung in der Medizin«, deren Mitglied der Autor ist, vgl. Walter A. Wohlgemuth/Michael H. Freitag (Hrsg.), *Priorisierung in der Medizin – Interdisziplinäre Forschungsansätze*, 2009.

14 Vgl. Ivan Illich, *Die Nemesis der Medizin*, 1981, und jetzt auch Klaus Michael Meyer-Abich, *Was es bedeutet, gesund zu sein*, 2010.

15 Vgl. etwa zuletzt Kirchenamt der Evangelischen Kirche (Anm. 9).

16 Keine ganz abwegige Vorstellung: In den USA wird jede zweite Privatinsolvenz durch Kosten der medizinischen Versorgung ausgelöst; vgl. David Himmelstein u. a., ›Medical Bankruptcy in Massachusetts: Has Health Reform Made a Difference?‹, in: *The American Journal of Medicine* 124 (2011), S. 224 ff.

17 Besonders deutlich wird dies daran, dass selbst die paritätische Finanzierung der Krankenversicherung durch Arbeitgeber und Arbeitnehmer als soziale Errungenschaft verteidigt wird, obwohl sie mit einem sozialen Ausgleich nicht das Geringste zu tun hat. Und dass manche finanzielle Steuerungsinstrumente vermutlich gar nicht wirken und von den Versicherten daher als willkürliches Abkassieren empfunden werden, hat auch keinen spezifischen Bezug zur sozialen Gerechtigkeit.

18 Dies betont zu Recht auch Lauterbach (Anm. 2), S. 57 ff.

19 Einen Überblick über den Forschungsstand geben Johanna Huber/Andreas Mielck, ›Morbidität und Gesundheitsversorgung bei GKV- und PKV-Versicherten‹, in: *Bundesgesundheitsblatt – Gesundheitsforschung – Gesundheitsschutz* 53 (2010), S. 925 ff.

20 Zur verfassungsrechtlichen Diskussion vgl. Jutta Schraeder, *Bürgerversicherung und Grundgesetz. Verfassungsrechtliche Grenzen der Ausweitung von Versicherungspflicht und Beitragsbemessungsgrundlage in der gesetzlichen Krankenversicherung*, 2008.

21 Vgl. BVerfGE 123, 186 ff.

22 Vgl. dazu nur Michael Stolleis, *Geschichte des Sozialrechts in Deutschland*, 2003, S. 36 ff. m.w.N.

23 Vgl. Sachverständigenrat für die Konzertierte Aktion im Gesundheitswesen, *Gutachten 2000/2001: Bedarfsgerechtigkeit und Wirtschaftlichkeit, Band III: Über-, Unter- und Fehlversorgung*, 2002.

24 Dazu passt dann auch, dass manch ein Parteipolitiker, der heute von Rationierung und Priorisierung nichts wissen will, das in seinem früheren wissenschaftlichen Leben noch ganz anders gesehen hat; vgl. den Aufsatz von Karl Lauterbach (mit A. Gandjour), ›Allokationsproblematik im Kontext beschränkter finanzieller Ressourcen‹, in: *Der Internist* 40 (1999), S. 255 (256): Es sei davon auszugehen, »daß eine konsequente Rationalisierung eine Rationierung zum gegenwärtigen Zeitpunkt aufschieben, jedoch in der Zukunft nicht verhindern kann. Daraus ergibt sich die Schlußfolgerung, daß in Zukunft eine Ausdehnung der bereits bestehenden Rationierung unumgänglich ist.«

25 Darauf weisen zu Recht etwa Philipp Storz/Bernhard Egger, ›Die Debatte über Priorisierung und Rationierung in der Gesetzlichen Krankenversicherung: überfällig oder überflüssig?‹, in: *Gesundheits- und Sozialpolitik* 1 (2010), S. 11 ff., hin.

26 Diese Frage ist permanent umstritten; so ist zuletzt etwa die Studie von Boris Augurzky u. a., *Effizienzreserven im Gesundheitswesen* (RWI Materialen Heft 49), 2009, die erhebliche Einsparpotenziale behauptet, sofort von Marburger Bund und Bundesärztekammer vehement kritisiert worden.

27 Vgl. dazu bereits Ellen Kuhlmann, ›»Zwischen zwei Mahlsteinen« – Ergebnisse einer empirischen Studie zur Verteilung knapper medizinischer Ressourcen‹, in: Günter Feuerstein/Ellen Kuhlmann (Hrsg.), *Rationierung im Gesundheitswesen*, 1998, S. 11 ff. Untersuchungen dazu sind auch im Rahmen eines Forschungsprojekts zur Entwicklung kostensensibler Leitlinien durchgeführt worden, an dem der Autor beteiligt war; vgl. dazu Daniel Strech u. a., ›Ärztliches Handeln bei Mittelknappheit‹, in: *Ethik in der Medizin* 20 (2008), S. 94 ff.; ders. u. a., ›Ausmaß und Auswirkungen von Rationierung in deutschen Krankenhäusern‹, in: *Dt. Med. Wochenschr.* 134 (2009), S. 1261 ff.; ders./Georg Marckmann, ›Wird in deutschen Kliniken rationiert oder nicht?‹, in: *Dt. Med. Wochenschr.* 135 (2010), S. 1498 ff.; Stefan Huster u. a., ›Implizite Rationierung als Rechtsproblem. Ergebnisse einer qualitativen Interviewstudie zur Situation in deutschen Krankenhäusern‹, in: *Medizinrecht* 2007, S. 703 ff. Vgl. ferner Joachim Boldt/Thilo Schöllhorn, ›Intensivmedizinische Versorgung: Rationierung ist längst Realität‹, in: *Dt. Ärzteblatt* 105 (2008).

28 Vgl. dazu Deutsche Gesellschaft für Krankenhaushygiene (DGKH) u. a., *Stellungnahme vom 22.02. 2011 zur Anhörung des*

Gesundheitsausschusses des Bundestags, Ausschussdrucksache 17(14) 0124(1).

29 Zu entsprechenden Vorgängen im Klinikum Fulda vgl. ›Die Gefahr der Überlastung‹, in: *Berliner Zeitung* 12.04.2011.

30 Ganz richtig Gandjour/Lauterbach (Anm. 24), S. 258: »Ethisch kann eine verdeckte Rationierung nach keiner der besprochenen Theorien gerechtfertigt werden und entspricht auch nicht der ärztlichen Berufsethik, deren Basis das Arzt-Patienten-Vertrauen ist.«

31 Dass Patienten diesen Verdacht inzwischen vielfach hegen, wird immerhin auf der Grundlage von Umfragen behauptet; vgl. Allianz Deutschland AG, *Priorisierung im Gesundheitswesen*, 2009, S. 6.

32 Das Verhältnis von Krankenversicherungsrecht und Regelungen des Arzthaftungsrechts ist daher in jüngerer Zeit vermehrt diskutiert worden; vgl. umfassend dazu Johannes Arnade, *Kostendruck und Standard. Zu den Auswirkungen finanzieller Zwänge auf den Standard sozialversicherungsrechtlicher Leistungen und den haftungsrechtlichen Behandlungsstandard*, 2010.

33 Vgl. dazu das auf dem Ärztetag 2008 verabschiedete »Ulmer Papier« (abrufbar unter: http://www.bundesaerztekammer.de/downloads/UlmerPapierDAET111.pdf) und zuletzt die Stellungnahme des Hauptgeschäftsführers der Bundesärztekammer: Christoph Fuchs, ›Gerechte Leistungsverteilung muss offen diskutiert werden‹, in: *Dt. Ärzteblatt* 108 (2011), S. A-1356 ff. Ähnliche Stellungnahmen gibt es von zahlreichen Fachverbänden; vgl. nur Johannes Bruns u. a., *Charta für eine gerechte Behandlung in der Onkologie*, 2011 (abrufbar unter: http://www.gerechtegesundheit.de/fileadmin/user_upload/sonstiges/Charta_Onkologie.pdf).

34 Vgl. Georg Marckmann (Hrsg.), *Kostensensible Leitlinien: Ein Instrument zur expliziten Leistungssteuerung im Gesundheitswesen*, 2011.

35 Zu dieser Beobachtung vgl. Huster u. a. (Anm. 27).

36 So jedenfalls die Ergebnisse der Studie von Claudia Söhle, ›Die Beeinflussung des Patientenoutcome durch Intensivpflegequalifikation und deren Stellenbesetzung‹, in: *plexus* 1 (2004), S. 37 ff.

37 Vgl. die Übersicht zum Forschungsstand bei Ullrich Bauer, ›Soziale Ungleichheiten in der medizinischen Versorgung‹, in: *Zeitschrift für Sozialreform* 55 (2009), S. 389 ff. Dass entsprechende soziale (Vor-)Urteile der Ärzte auch eine Rolle spielen, ist jedenfalls für die USA gut belegt; vgl. dazu David Mechanic, *The Truth about Health Care*, 2006, S. 135.

38 Vgl. Maren Bauknecht u. a., *GEK-Bandscheiben-Report* (Schriftenreihe zur Gesundheitsanalyse Bd. 70), 2009, S. 16 und 130 f.

39 Vielleicht ist alles noch verwickelter, weil die Reihung auf der Prioritätenliste von den zur Verfügung stehenden Mitteln abhängen könnte: Erholungskuren werden viele als sinnvolle Maßnahme betrachten, wenn die Kurheime adäquat ausgestattet sind; reichen die Mittel aber nicht, um eine vernünftige Betreuung sicherzustellen, würde man darauf vielleicht ganz verzichten.

40 Vgl. etwa Reinhard Busse/C. Hoffmann, ›Priorisierung in anderen Gesundheitssystemen. Was kann Deutschland lernen?‹, in: *Bundesgesundheitsblatt – Gesundheitsforschung – Gesundheitsschutz* 53 (2010), S. 882 ff.; Georg Marckmann, ›Priorisierung im Gesundheitswesen: Was können wir aus internationalen Erfahrungen lernen?‹, in: *Zeitschrift für Evidenz, Fortbildung und Qualität im Gesundheitswesen (ZEFQ)* 103 (2009), S. 85 ff.; Thorsten Meyer/Heiner Raspe, ›Wie können medizinische Leistungen priorisiert werden? Ein Modell aus Schweden‹, in: *Gesundheitswesen* 71 (2009), S. 617 ff.; Jeanine Staber/Heinz Rothgang, ›Rationierung und Priorisierung im Gesundheitswesen. Internationale Erfahrungen‹, in: *Gesellschaft und Gesundheit Wissenschaft (GGW)* 10 (2010), Heft 1, S. 16 ff.

41 Vgl. Thorsten Kingreen, ›Verfassungsrechtliche Grenzen der Rechtsetzungsbefugnis des Gemeinsamen Bundesausschusses im Gesundheitsrecht‹, in: *Neue Jurist. Wochenschr. (NJW)* 2006, S. 877.

42 Zu einer Typologie unterschiedlicher Entscheidungsprozeduren vgl. Claudia Landwehr, ›Deciding How to Decide: The Case of Health Care Rationing‹, in: *Public Administration* 87 (2009), S. 586 ff.; ferner dies., ›Substanzielle und prozedurale Gerechtigkeit in der Verteilung von Gesundheitsgütern‹, in: *Polit. Vierteljahresschr.* 52 (2011), S. 29 ff.; dies., ›Verhandlung und Deliberation in der Verteilung von Gesundheitsgütern‹, in: Winfried Thaa (Hrsg.), *Inklusion durch Repräsentation*, 2007, S. 167 ff.

43 Aus der unüberschaubaren Literatur vgl. nur die Beiträge in Thomas Gutmann/Volker H. Schmidt (Hrsg.), *Rationierung und Allokation im Gesundheitswesen*, 2002; Oliver Rauprich/Georg Marckmann/Jochen Vollmann (Hrsg.), *Gleichheit und Gerechtigkeit in der modernen Medizin*, 2005; Bettina Schöne-Seifert/Alena M. Buyx/Johannes S. Ach (Hrsg.), *Gerecht behandelt?*, 2006; umfassend jüngst Leonard M. Fleck, *Just Caring. Health Care Rationing and Democratic Deliberation*, 2009.

44 Vgl. ZEKO (Anm. 13).

45 So etwa Paul Kirchhof, ›Gerechte Verteilung medizinischer Leistungen im Rahmen des Finanzierbaren‹, in: *Münchener Medizin. Wochenschr.* 140 (1998), Nr. 14, S. 200 ff.

46 BVerfGE 115, 25 ff.

47 Eine fortlaufend aktualisierte Übersicht zu den Folgeentscheidungen findet sich auf den Seiten des Instituts für Sozialrecht an der Ruhr-Universität Bochum (http://www.ruhr-uni-bochum.de/ifs/Nikolaus.html).

48 Vgl. dazu Guido Calabresi/Philipp Bobbitt, *Tragic Choices*, 1978.

49 Zu diesen Irrationalitäten dürfte auch die groteske Überbewertung von Maßnahmen gehören, die am Lebensende eine marginale Lebensverlängerung bewirken, aber extreme Nebenwirkungen und Kosten produzieren, während eine vernünftige Palliativversorgung posteriorisiert wird; vgl. dazu jetzt einleuchtend Norbert Schmacke, ›Palliativmedizin: ein Fall von Rationierung?‹, in: Adele Diederich u. a. (Hrsg.), *Priorisierte Medizin*, 2011, S. 59 ff.

50 Vgl. Schweizerisches Bundesgericht, Urteil v. 23. 11. 10, 9C_334/2010 (Auslassungen sind im Folgenden nicht markiert).

51 In der jüngeren medizinethischen Diskussion hat diesen Punkt insbesondere Weyma Lübbe herausgearbeitet; vgl. etwa: ›Wirtschaftlichkeit und Gerechtigkeit: zwei Gebote?‹, in: Schöne-Seifert/Buyx/Ach (Anm. 43), S. 17 ff.; dies., ›Postutilitarismus in der Priorisierungsdebatte‹, in: *Zeitschrift für Evidenz, Fortbildung und Qualität im Gesundheitswesen (ZEFQ)* 103 (2009), S. 99 ff. Mit ähnlicher Stoßrichtung Thomas Gutmann, ›Der Faktor‹. Zur Skizze einer rechteorientierten Theorie der Gesundheitsversorgung‹, in: Schöne-Seifert/Buyx/Ach (Anm. 43), S. 31 ff.

52 So die berühmte Formulierung bei John Rawls, *Eine Theorie der Gerechtigkeit*, 1975, S. 45.

53 Den auf den ersten Blick naheliegenden Einwand, bereits der unterstellte Zusammenhang von Behinderung und schlechterer Lebensqualität sei fragwürdig, sollte man besser nicht verwenden, weil dann unklar würde, warum uns die Vorbeugung und Behandlung von Behinderungen interessieren sollte.

54 Vgl. dazu grundlegend Ronald Dworkin, *Bürgerrechte ernstgenommen*, 1984, S. 298 ff. und passim.

55 Zu den grundsätzlichen Anforderungen an derartige Verfahren vgl. Norman Daniels/James E. Sabin, *Setting Limits Fairly: Can We Learn to Share Medical Resources?*, 2002.

56 Zu dem Vorschlag, Leistungen mit marginalem Nutzen unabhängig von ihren Kosten zu posteriorisieren, vgl. Alena M. Buyx/Bettina Schöne-Seifert, ›Marginale Wirksamkeit medizinischer

Maßnahmen: ein faires Rationierungskriterium?‹, in: Schöne-Seifert/Buyx/Ach (Anm. 43), S. 215 ff.; Alena M. Buyx/Daniel Friedrich/Bettina Schöne-Seifert, ›Rationing by Clinical Effectiveness‹, in: *British Medical Journal (BMJ)*, vol. 342, 05.03. 2011, S. 531 ff.

57 Vgl. dazu Ronald Dworkin, ›Justice and the High Cost of Health‹, in: ders., *Sovereign Virtue*, 2000, S. 307 ff.

58 Vgl. dazu bereits Stefan Huster, ›Grundversorgung und soziale Gerechtigkeit im Gesundheitswesen‹, in: Schöne-Seifert/Buyx/Ach (Anm. 43), S. 121 ff., im Anschluss an Dworkin (Anm. 57).

59 Vgl. dazu etwa Mel Bartley, *Health Inequality. An Introduction to Theories, Concepts, and Methods*, 2004; Grace Budrys, *Unequal Health. How Inequality Contributes to Health or Illness*, 2003; Johannes Siegrist/Michael Marmot (Hrsg.), *Soziale Ungleichheit und Gesundheit: Erklärungsansätze und gesundheitspolitische Folgerungen*, 2008.

60 Der »Black Report« von 1980 ist veröffentlicht bei Peter Townsend u. a., *Inequalities in Health: The Black Report and the Health Divide*, 1990. Vgl. ferner Donald Acheson u. a., *Independent Inquiry into Inequalities in Health. Report*, 1998.

61 Vgl. Charles Kadushin, ›Social Class and the Experience of Ill Health‹, in: *Sociological Inquiry* 35 (1964), S. 67 ff.

62 Zur gesundheitlichen Ungleichheit in den europäischen Staaten vgl. Ken Judge u. a., *Health Inequalities: a Challenge for Europe*, 2006; Johan P. Mackenbach, *Health Inequalities: Europe in Profile*, 2006.

63 Diese Erkenntnis verdankt sich insbesondere den berühmten Whitehall-Studien; vgl. dazu die Darstellung bei Michael Marmot, *The Status Syndrome: How Your Social Standing Directly Affects Your Health and Life Expectancy*, 2004.

64 Übersichten dazu bei: Sachverständigenrat zur Begutachtung der Entwicklung im Gesundheitswesen, *Gutachten 2005: Koordination und Qualität im Gesundheitswesen*, 2006, Tz. 111 ff.; Ullrich Bauer u. a. (Hrsg.), *Health Inequalities. Determinanten und Mechanismen gesundheitlicher Ungleichheit*, 2008; Matthias Richter/Klaus Hurrelmann (Hrsg.), *Gesundheitliche Ungleichheit. Grundlagen, Probleme, Perspektiven*, 2009; Andreas Mielck, *Soziale Ungleichheit und Gesundheit*, 2005.

65 Vgl. Thomas Lampert u. a., *Armut, soziale Ungleichheit und Gesundheit. Expertise des Robert Koch-Instituts zum 2. Armuts- und Reichtumsbericht der Bundesregierung*, 2005.

66 Vgl. die Angaben bei Thomas Lampert u. a., ›Soziale Ungleichheit der Lebenserwartung in Deutschland‹, in: *Aus Politik und Zeitgeschichte* (42) 2007, S. 11 ff. Diese Ungleichheiten haben übrigens für die gesetzliche Rentenversicherung die intrikate Konsequenz, dass die höhere Lebenserwartung und Rentenbezugsdauer der Besserverdienenden bei einer einkommensgruppenbezogenen Betrachtung zu einer massiven Umverteilung von den Schlechter- zu den Besserverdienenden führt; vgl. dazu Karl Lauterbach u.a., *Zum Zusammenhang zwischen Einkommen und Lebenserwartung* (Studien zu Gesundheit, Medizin und Gesellschaft), 2006.

67 Zusammenfassend Robert Koch-Institut, *Gesundheitliche Ungleichheit bei Kindern und Jugendlichen in Deutschland* (Beiträge zur Gesundheitsberichterstattung des Bundes), 2010.

68 Neben diesen vertikalen gibt es auch horizontale Gesundheitsungleichheiten, die sich etwa an Geschlecht, Herkunft und Wohnort festmachen; vgl. dazu nur die Beiträge bei Richter/Hurrelmann (Anm. 64), S. 267 ff.

69 Vgl. grundlegend Thomas McKeown, *Die Bedeutung der Medizin*, 1982. Einen Überblick bietet Jörg Vögele, ›Zur Entwicklung der Gesundheitsverhältnisse im 19. und 20. Jahrhundert‹, in: Stefan Schulz u. a. (Hrsg.), *Geschichte, Theorie und Ethik der Medizin*, 2006, S. 165 ff.

70 Sachverständigenrat für die Konzertierte Aktion im Gesundheitswesen, *Gutachten 2000/2001: Bedarfsgerechtigkeit und Wirtschaftlichkeit*, Band I, 2002, Tz. 95.

71 Vgl. dazu zuletzt Melissa L. Martinson u. a., ›Health Across the Life Span in the United States and England‹, in: *American Journal of Epidemiology* 173/8 (2011), S. 858 ff.

72 Dies ist jedenfalls ein Ergebnis einer großen und vielbeachteten Studie; vgl. Salim Yusuf u. a., ›Effect of Potentially Modifiable Risk Factors Associated with Myocardial Infarction in 52 Countries (the INTERHEART Study): Case-Control Study‹, in: *The Lancet* 364 (2004), S. 937 ff.; Annika Rosengren u. a., ›Association of Psychosocial Risk Factors with Risk of Acute Myocardial Infarction in 11 119 Cases and 13 648 Controls from 52 Countries (the INTERHEART Study): Case-Control Study‹, in: ebd., S. 953 ff.

73 Aus der unüberschaubaren Literatur vgl. nur Norman Daniels u. a., *Is Inequality Bad for Our Health?*, 2000. Große Aufmerksamkeit hat die Behauptung bei Richard Wilkinson/Kate Pickett, *Gleichheit ist Glück. Warum gerechte Gesellschaften für alle besser sind*, 2009, gefunden, dass soziale Ungleichheit in vielen Lebens- und Politikbereichen negative Auswirkungen hat; dies ist nicht unwidersprochen geblieben (vgl. Peter Saunders, *Beware False Prophets. Equality, the Good Society and The Spirit Level*, 2010; Christopher Snowdon, *The Spirit Level Delusion*, 2010).

74 Dass für sie auch kulturelle und finanzielle Barrieren für den Zugang zu (zusätzlichen) Leistungen der medizinischen Versorgung existieren könnten, dürfte dabei zumindest in Deutschland noch das geringste Problem sein – zumal damit schon gar nicht erklärt werden kann, warum die Mitglieder der unteren Schichten überhaupt erst häufiger und früher krank werden. Zum Forschungsstand vgl. Christian Janssen u. a., ›Der Einfluss von sozialer Ungleichheit auf die medizinische und gesundheitsbezogene Versorgung in Deutschland‹, in: Richter/Hurrelmann (Anm. 64), S. 149ff.; Markus Lüngen u. a., *Ausmaß und Gründe für Ungleichheiten der gesundheitlichen Versorgung in Deutschland*, 2009 (abrufbar unter http://www.boeckler.de/pdf_fof/S-2007-59-4-3.pdf); und die Beiträge in Karen Tiesmeyer u. a. (Hrsg.), *Der blinde Fleck. Ungleichheiten in der Gesundheitsversorgung*, 2008.

75 Vgl. Rudolf Virchow, ›Der Armenarzt‹, in: *Die Medizinische Reform* 1 (1848), Nr. 18, S. 125ff. Dem Fortgang des Satzes »und die Politik ist weiter nichts, als Medicin im Grossen« wird man dagegen auch dann nur sehr differenziert zustimmen mögen, wenn man darin nicht einen »grotesken Machtanspruch« (Alfons Labisch, *Homo Hygienicus*, 1992, S. 253f.) sieht.

76 Friedrich Engels, ›Die Lage der arbeitenden Klasse in England‹ (1845), in: Karl Marx/Friedrich Engels, *Werke*, Bd. 2, 1976, S. 225ff.

77 Ernst Bloch, *Das Prinzip Hoffnung*, Bd. 2, 1959, S. 544.

78 Zur Entwicklung vgl. Rolf Rosenbrock, ›Was ist New Public Health?‹, in: *Bundesgesundheitsblatt – Gesundheitsforschung – Gesundheitsschutz* 2001, S. 753ff.; Theodore H. Tulchinsky/Elena A. Varavikova, ›What Is the »New Public Health«?‹, in: *Public Health Reviews* 32 (2010), S. 25ff. Über den Stand der Public-Health-Forschung in Deutschland informieren: Thomas Schott/Claudia Hornberg (Hrsg.), *Die Gesellschaft und ihre Gesundheit. 20 Jahre Public Health in Deutschland: Bilanz und Ausblick einer Wissenschaft*, 2011; Klaus Hurrelmann u. a. (Hrsg.), *Handbuch Gesundheitswissenschaften*, 2006; Friedrich W. Schwartz (Hrsg.), *Das Public Health Buch: Gesundheit und Gesundheitswesen*, 2003.

79 Programmatisch dazu Dan W. Brock, ›Broadening the Bioethics Agenda‹, in: *Kennedy Institute of Ethics Journal* 10 (2000), S. 21ff.; Norman Daniels, ›Equity and Population Health. Towards a Broader Bioethics Agenda‹, in: *Hastings Center Report* 36 (2006), Heft 4, S. 22ff. Vgl. ferner Ronald Bayer u. a. (Hrsg.), *Public Health Ethics*, 2007; Angus Dawson (Hrsg.), *Public Health Ethics: Key Concepts and Issues in Policy and Practice*, 2011; ders./Marcel Verweij (Hrsg.), *Ethics, Prevention, and Public Health*, 2007; Stephen Holland, *Public Health Ethics*, 2007. Seit 2008 erscheint bei

Oxford University Press zudem die Zeitschrift *Public Health Ethics*. Aus der sich entwickelnden deutschsprachigen Diskussion vgl. jetzt die Beiträge bei Daniel Strech/Georg Marckmann (Hrsg.), *Public Health Ethik*, 2010; sowie Alena M. Buyx/Stefan Huster (Hrsg.), ›Ethische Aspekte von Public Health‹, in: *Ethik in der Medizin* (3) 2010.

80 Paradigmatisch ist insofern der Übergang von Norman Daniels, *Just Health Care* (Anm. 10), zu ders., *Just Health. Meeting Health Needs Fairly*, 2008. Zu Gesundheitsungleichheiten als normativem Problem vgl. Sudhir Anand/Fabienne Peter/Amartya Sen (Hrsg.), *Public Health, Ethics, and Equity*, 2004; Yukiko Asada, *Health Inequality. Morality and Measurement*, 2007; Uwe H. Bittlingmayer u. a. (Hrsg.), *Normativität und Public Health. Vergessene Dimensionen gesundheitlicher Ungleichheit*, 2009; Madison Powers/Ruth Faden, *Social Justice. The Moral Foundations of Public Health and Health Policy*, 2006; Richard Hofrichter (Hrsg.), *Health and Social Justice. Politics, Ideology, and Inequity in the Distribution of Disease*, 2003; Sarah Marchand u. a., ›Class, Health, and Justice‹, in: *The Milbank Quarterly* 76 (1998), S. 449 ff. Erste deutschsprachige Beiträge dazu bei Alena M. Buyx, ›Wie gleich kann Gesundheit sein? Ethische und gerechtigkeitstheoretische Aspekte gesundheitlicher Ungleichheiten‹, in: *Gesundheitswesen* 71 (2009), S. 1 ff.; Oliver Rauprich, ›Public Health als Beitrag zur sozialen Gerechtigkeit‹, in: Buyx/Huster (Anm. 79), S. 263 ff.; ders., ›Gesundheitliche Ungleichheiten als Problem der sozialen Gerechtigkeit‹, in: Strech/Marckmann (Anm. 79), S. 97 ff.

81 Vgl. programmatisch Matthias Richter/Klaus Hurrelmann, ›Gesundheitliche Ungleichheit: Ausgangsfragen und Herausforderungen‹, in: dies. (Anm. 64), S. 13. »Diese gesundheitlichen Ungleichheiten [...] repräsentieren zudem bedeutende gesellschaftliche Ungerechtigkeiten, da ein breites Spektrum gesundheitlicher Ungleichheit nach den Konventionen des Sozialstaats nicht legitimiert sein dürfte. Es besteht allgemein kein Zweifel, dass vermeidbare gesundheitliche Ungleichheiten ein Versagen moderner Gesellschaften darstellen, die angegangen werden können und müssen.«

82 Vgl. einflussreich dazu Margaret Whitehead, ›The Concepts and Principles of Equity and Health‹, in: *Intern. Journal of Health Services* 22 (1992), S. 429 ff.

83 Vgl. Ronald Dworkin, ›What is Equality? Part 2: Equality of Resources‹, in: *Philosophy & Public Affairs* 10 (1981), S. 283 ff.

84 Vgl. Bettina Schmidt, *Eigenverantwortung haben immer die Anderen. Der Verantwortungsdiskurs im Gesundheitswesen*, 2008.

85 Zur Diskussion vgl. Kathrin Alber/Hartmut Kliemt/Eckhard Nagel, ›Selbstverantwortung als Kriterium kaum operationalisierbar‹, in: *Dt. Ärzteblatt* 106 (2009), S. A-1361 ff.; Alena M. Buyx, ›Eigenverantwortung als Verteilungskriterium im Gesundheitswesen‹, in: *Ethik in der Medizin* 17 (2005), S. 269 ff.; Daniel Wikler, ›Personal and Social Responsibility for Health‹, in: Anand/Peter/Sen (Anm. 80), S. 109 ff.

86 Vgl. Johannes Giesecke/Stephan Müters, ›Strukturelle und verhaltensbezogene Faktoren gesundheitlicher Ungleichheit: Methodische Überlegungen zur Ermittlung der Erklärungsanteile‹, in: Richter/Hurrelmann (Anm. 64), S. 353 ff.

87 Vgl. dazu Nico Dragano u. a., ›Wie baut sich soziale und gesundheitliche Ungleichheit im Lebenslauf auf?‹, in: Sachverständigenkommission 13. Kinder- und Jugendbericht (Hrsg.), *Materialien zum 13. Kinder- und Jugendbericht: Mehr Chancen für gesundes Aufwachsen*, 2010, S. 11 ff.; Chris Power/Diana Kuh, ›Die Entwicklung gesundheitlicher Ungleichheiten im Lebenslauf‹, in: Siegrist/Marmot (Anm. 59), S. 45 ff.

88 Vgl. John. E. Roemer, ›A Pragmatic Theory of Responsibility for the Egalitarian Planner‹, in: *Philosophy & Public Affairs* 22 (1993), S. 146 ff.; ders., ›Equality and Responsibility‹, in: *Boston Review* 20, 1995, S. 3 ff.

89 Dass nicht Verhaltens-, sondern Verhältnisprävention im Vordergrund stehen muss, gehört dann auch zu den weithin anerkannten Ergebnissen der Public-Health-Diskussion.

90 Vgl. dazu Stefan Huster, *Die ethische Neutralität des Staates. Eine liberale Interpretation der Verfassung*, 2002.

91 BVerfGE 121, 317 (359).

92 So das Sondervotum des Richters Masing, ebd., S. 388.

93 Zu diesem »libertären Paternalismus« vgl. Richard H. Thaler/Cass R. Sunstein, *Nudge. Wie man kluge Entscheidungen anstößt*, 2009. Zur Bedeutung dieses Konzepts für die Public-Health-Politik vgl. Alena M. Buyx, ›Können, sollen, müssen? Public Health-Politik und libertärer Paternalismus‹, in: dies./Huster (Anm. 79), S. 221 ff.; Jean-Frédérick Ménard, ›A »Nudge« for Public Health Ethics‹, in: *Public Health Ethics* 3 (2010), S. 229 ff.

94 Vgl. dazu Richard A. Epstein, ›Let the Shoemaker Stick to his Last: A Defense of the »Old« Public Health‹, in: *Perspectives in Biology and Medicine* 46/3 Suppl. (2003), S. 138 ff. Gegenkritik dazu bei Lawrence A. Gostin/Maxwell G. Bloche, ›The Politics of Public Health: A Reply to Richard Epstein‹, in: ebd., S. 160 ff.

95 Vgl. etwa die Beiträge in Martin Lengwiler/Jeannette Madarász (Hrsg.), *Das präventive Selbst*, 2010; Bettina Paul u. a. (Hrsg.), *Ri-*

siko Gesundheit. Über Risiken und Nebenwirkungen der Gesundheitsgesellschaft, 2010; Henning Schmidt-Semisch/Friedrich Schorb (Hrsg.), *Kreuzzug gegen Fette*, 2008.

96 Prominent etwa in dem Roman von Juli Zeh, *Corpus delicti*, 2009. Vgl. auch zuletzt Jan Ross, ›Verschont uns‹, in: *Die Zeit* 26.5.2011.

97 Vgl. dazu Thilo Bode, *Die Essensfälscher*, 2010, S. 189 ff., und jetzt die empirische Untersuchung von Tobias Effertz/Ann-Kristin Wilcke, *Do TV-Commercials Target Children in Germany?*, im Erscheinen.

98 Zur schichtenspezifischen Ausprägung des Tabakkonsums als Problem der sozialen Gerechtigkeit vgl. Kristin Voigt, ›Smoking and Social Justice‹, in: *Public Health Ethics* 3 (2010), S. 91 ff.

99 Ein einleuchtendes »stewardship model« der Public-Health-Politik mit einer »intervention ladder«, die stark dem Verhältnismäßigkeitsprinzip des deutschen Verfassungsrechts ähnelt, wird entwickelt in einer wichtigen Stellungnahme des britischen Pendants des Deutschen Ethikrats: Nuffield Council on Bioethics, *Public Health: Ethical Issues*, 2007.

100 Zu den sozialwissenschaftlichen Erklärungsmodellen vgl. die in Anm. 64 zitierten Werke.

101 Vgl. Rawls (Anm. 52).

102 Zu einem entsprechenden Ansatz im Anschluss an Rawls' Theorie vgl. Daniels, *Just Health* (Anm. 10), S. 79 ff. Auch der von Amartya Sen und Martha Nussbaum entwickelte Capability-Ansatz, der für die Theorie der Gesundheitsförderung anschlussfähig sein mag (vgl. Thomas Abel/Dominik Schori, ›Der Capability-Ansatz in der Gesundheitsförderung: Ansatzpunkte für eine Neuausrichtung der Ungleichheitsforschung‹, in: *Österr. Zeitschr. für Soziologie* 34 (2009), S. 48 ff.; Michael Marmot, ›Health in an Unequal World‹, in: *The Lancet* 368 (2006), S. 2081 ff.), klärt nicht die Frage, ob und inwieweit wir zu einer Angleichung der Fähigkeiten und Verwirklichungschancen verpflichtet sind.

103 Zur Diskussion vgl. die Beiträge in Angelika Krebs (Hrsg.), *Gleichheit oder Gerechtigkeit. Texte der neuen Egalitarismuskritik*, 2000.

104 Zum wichtigen Zusammenhang von Gesundheitschancen und sozialer Anerkennung vgl. Johannes Siegrist, ›Soziale Anerkennung und gesundheitliche Ungleichheit‹, in: Bauer u. a. (Anm. 64), S. 220 ff.

105 Zu Positionsgütern vgl. grundlegend Fred Hirsch, *Die sozialen Grenzen des Wachstums*, 1980.

106 So die treffende Charakterisierung des Ansatzes von Hirsch bei Ralf Dahrendorf, ›Grenzen der Gleichheit: Bemerkungen über Fred Hirsch‹, in: *Zeitschrift für Soziologie* 12 (1983), S. 65 ff.

107 Zur Begrifflichkeit vgl. Ralf Rosenbrock/Susanne Kümpers, ›Primärprävention als Beitrag zur Verminderung sozial bedingter Ungleichheit von Gesundheitschancen‹, in: Richter/Hurrelmann (Anm. 64), S. 385 ff.

108 Zu einer weit ausgreifenden Beschreibung vgl. Ilona Kickbusch, *Die Gesundheitsgesellschaft*, 2006.

109 Vgl. dazu Ilona Kickbusch, ›Der Gesundheitsbegriff der Weltgesundheitsorganisation‹, in: Heinz Häfner (Hrsg.), *Gesundheit – unser höchstes Gut?*, 1999, S. 275 ff.

110 Obwohl der eine oder andere Beitrag davon nicht weit entfernt zu sein scheint; vgl. Richard Levins, ›Is Capitalism a Disease?‹, in: Hofrichter (Anm. 80), S. 365 ff. Auch Ernst Bloch (Anm. 77), S. 545, meinte schon: »der Kapitalismus ist ungesund – sogar für die Kapitalisten.«

111 Vgl. dazu zuletzt Armin Falk u. a., *Cardiovascular Consequences of Unfair Pay* (SOEPpapers on Multidisciniplary Panel Data Research 380), 2011.

112 Zum Konzept des Sozialkapitals vgl. grundlegend Robert D. Putnam, *Bowling Alone: The Collapse and Revival of American Community*, 2000; zu seiner Bedeutung für Public Health vgl. Lars Kroll/Thomas Lampert, ›Sozialkapital und Gesundheit in Deutschland‹, in: *Gesundheitswesen* 69 (2007), S. 120 ff.; Johannes Siegrist u. a., ›Soziales Kapital, soziale Ungleichheit und Gesundheit‹, in: Richter/Hurrelmann (Anm. 64), S. 167 ff.

113 Als problematische Folge droht der spezifische Fokus von Public Health zu verschwinden; vgl. dazu Mark A. Rothstein, ›Rethinking the Meaning of Public Health‹, in: *Journal of Law, Medicine & Ethics* 30 (2002), S. 144 ff.; Daniel S. Goldberg, ›In Support of a Broad Model of Public Health: Disparities, Social Epidemiology and Public Health Causation‹, in: *Public Health Ethics* 2 (2009), S. 70 ff.; und die Antwort von Rothstein, ebd., S. 84 ff.

114 Vgl. dazu nur Raimund Geene, ›Gesundheitsförderung und Prävention im bundesdeutschen Korporatismus‹, in: Bittlingmayer u. a. (Anm. 80), S. 301 ff.; Markus Lüngen/A. M. Passon, ›Eine rationale Strategie für Prävention und Gesundheitsförderung‹, in: *Prävention und Gesundheitsförderung* 6 (2011), S. 6 ff. Zu einem vergleichenden europäischen Überblick vgl. Johan P. Mackenbach, ›Sozioökonomische gesundheitliche Ungleichheiten in Westeuropa: Von der Beschreibung über die Erklärung zur Intervention‹, in: Siegrist/Marmot (Anm. 59), S. 281 ff.

115 Vgl. dazu die Beiträge in Ansgar Gerhardus u. a. (Hrsg.), *Evidence-based Public Health*, 2010; Petra Kolip/Veronika E. Müller (Hrsg.), *Qualität von Gesundheitsförderung und Prävention*, 2009.

116 Vgl. etwa die Kritik an den entsprechenden Gesundheitsprogrammen der Europäischen Union bei: Europäischer Rechnungshof, *Das Programm der Europäischen Union im Bereich der öffentlichen Gesundheit (2003–2007): Ein wirksamer Weg zu einer besseren Gesundheit?* (Sonderbericht Nr. 2), 2009.

117 Aus der beginnenden Diskussion zur ökonomischen Evaluation von Präventionsmaßnahmen vgl. etwa Karl Martin/Klaus-Dirk Henke, *Gesundheitsökonomische Szenarien zur Prävention*, 2008; Heinz Rothgang/Tina Salomon, ›Die gesundheitsökonomische Evaluation von Gesundheitsförderung und Prävention‹, in: Kolip/Müller (Anm. 115), S. 345 ff.; Marc Suhrcke, ›Ökonomische Aspekte der Prävention: Eine internationale Perspektive‹, in: *Gesundheitswesen* 71 (2009), S. 610 ff.

118 Dies könnte insbesondere für die betriebliche Gesundheitsvorsorge gelten, für die Booz & Company, *Vorteil Vorsorge. Die Rolle der betrieblichen Gesundheitsvorsorge für die Zukunftsfähigkeit des Wirtschaftsstandortes Deutschland*, 2011, S. 9, angeben: »Jeder Euro, der in betriebliche Prävention investiert wird, zahlt sich auf volkswirtschaftlicher Ebene mit fünf bis 16 Euro aus – je nach Art und Umfang der Maßnahme.«

119 Vgl. dazu grundlegend Geoffrey Rose, ›Sick Individuals and Sick Populations‹, in: *Intern. Journal of Epidemiology* 14/1 (1985), S. 32 ff.

120 Vgl. http://www.who.int/social_determinants/en/.

121 Vgl. nur zuletzt die Mitteilung der Europäischen Kommission, *Solidarität im Gesundheitswesen: Abbau gesundheitlicher Ungleichheit in der EU*, KOM(2009)567.

122 Dies geben auch Autoren zu, die einem expansiven Verständnis von Public Health reserviert gegenüberstehen; vgl. etwa Fleck (Anm. 43), S. 378.

123 Udo Steiner, ›Das Bundesverfassungsgericht und die Volksgesundheit‹, in: *Medizinrecht* 2003, S. 1 (6 f.). Der zitierte Autor war Berichterstatter in dem Verfahren, das zu dem oben (bei Anm. 46) kritisierten Urteil führte.

124 Dieses Gleichnis wird – in unterschiedlichen Varianten – in der Public-Health-Diskussion gern herangezogen; einer der ersten war John B. McKinlay, ›A Case for Refocussing Upstream: The Political Economy of Illness‹, in: American Heart Association, *Applying Behavioral Science to Cardiovascular Disease*, 1974, S. 7 ff.

125 Eine juristische Wahrnehmung der sozialen Gesundheitsunterschiede und der Public-Health-Politik gibt es in Deutschland bisher kaum; zu einem ersten Ansatz vgl. Stefan Huster, ›Gesundheitsgerechtigkeit: Public Health im Sozialstaat‹, in: *Juris-*

tenzeitung 2008, S. 859 ff. Aus der amerikanischen Diskussion vgl. Lawrence A. Gostin, *Public Health Law: Power, Duty, Restraint*, 2. Aufl. 2008; Wendy E. Parmet, *Populations, Public Health, and the Law*, 2009; und die Beiträge in Richard A. Goodman (Hrsg.), *Law in Public Health Practice*, 2007.

126 Zur Diskussion vgl. Bettina Schmidt/Petra Kolip (Hrsg.), *Gesundheitsförderung im aktivierenden Sozialstaat*, 2007.

127 Über das Ziel hinaus schießt deshalb die Kritik an den Ansatz von Norman Daniels (Anm. 10) bei Gopal Sreenivasan, ›Health Care and Equality of Opportunity‹, in: *Hastings Center Report* 37 (2007), S. 21 ff., und Shlomi Segall, ›Is Health Care (Still) Special?‹, in: *The Journal of Political Philosophy* 15 (2007), S. 342 ff.

128 Dazu neigt etwa Meyer-Abich (Anm. 14).

129 Eine der wenigen Stellungnahmen, die Versorgung und Vorsorge unter dem Aspekt der Gerechtigkeit zusammenbringt, ist: Bioethik-Kommission des Landes Rheinland-Pfalz, *Gesundheit und Gerechtigkeit. Ethische, soziale und rechtliche Herausforderungen*, 2010.

Stefan Huster, geboren 1964, Studium der Rechtswissenschaft und Philosophie in Bielefeld und Frankfurt/Main. Nach Promotion und Habilitation in Heidelberg war er Professor an der FernUniversität in Hagen. Seit 2004 lehrt er Öffentliches Recht und Sozialrecht an der Ruhr-Universität Bochum und leitet das dortige Institut für Sozialrecht. 2010/2011 Fellow am Wissenschafts-Kolleg zu Berlin.

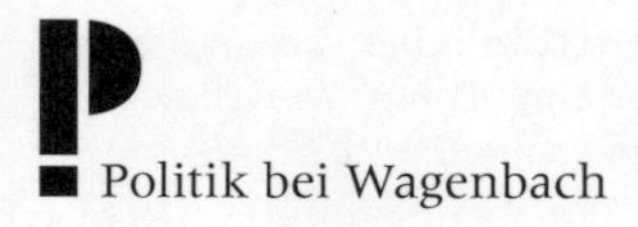

Tillmann Löhr Schutz statt Abwehr

Für ein Europa des Asyls

Jeder Flüchtling hat das Recht, in der Europäischen Union Hilfe und Schutz vor Verfolgung zu erhalten. Soweit die Theorie der Genfer Flüchtlingskonvention. Doch in der Praxis geht es Regierungen eher darum, die Zahl der Asylbewerber möglichst gering zu halten. Tillmann Löhr erklärt, wie eine Verbesserung der humanitären Lage schon in wenigen Schritten erreicht werden kann.

Originalausgabe. WAT 628. 96 Seiten

Hacı-Halil Uslucan Dabei und doch nicht mittendrin

Die Integration türkeistämmiger Zuwanderer

Hacı-Halil Uslucan fragt zunächst, welche Motive zur Migration geführt haben, um die damit einhergehenden Anpassungsprozesse in der »neuen Heimat« herauszuarbeiten. Und er stellt dar, wie eine Integrations- und Bildungspolitik aussehen muss, damit sie nicht zum Scheitern verurteilt ist, sondern die Potenziale derjenigen entdeckt, die zwischen zwei Kulturen aufgewachsen sind.

Originalausgabe. Reihe Politik. Gebunden. 112 Seiten

Tom Koenigs Machen wir Frieden oder haben wir Krieg?

Auf UN-Mission in Afghanistan

Afghanistan – Geschichte von Wiederaufbau und Befriedung oder Beispiel des Scheiterns westlicher Einmischung? Tom Koenigs' Aufzeichnungen als höchster UN-Vertreter in den entscheidenden Jahren erlauben einen bisher unbekannten – und ungeschönten – Blick hinter die Kulissen. Und sie sind eine stilistische Seltenheit: frisch, witzig, fast literarisch und vollkommen unbefangen.

Gebunden mit Schutzumschlag. 272 Seiten mit Fotos